知っているとトク
知らないとソン

自治体職員の就職から退職まで

弁護士
橋本 勇 著

ぎょうせい

この本を手にしたあなたへ

　この本を手にするのは、自治体の職員になったか、なろうとしている人だと思います。その動機は、人それぞれだと思いますが、職場で自分の能力を発揮することはもちろん、職場を離れた地元や家庭でも、充実した生活をしたいということでは共通しているものと思います。

　この本は、そんなあなたのために、自治体の職員として就職するときから退職した後まで役に立つ知識を、「知っていたらトク、知らないとソン」としてまとめたものです。

　自治体の職員には、いろいろな人がいます。みんな同じ公務員ですが、沢山の職種があり、勤務時間や任期さえ違うことがあります。「第1章　公務員とは何だ」では、そのことについて、お話しします。また、自治体の職員としてのやりがいは、自分の仕事が住民の役に立つということですが、そのための心構えについて述べるのが「第2章　就職したらどうなる」です。

　職場には、仕事をするためのルールがあります。言われたことだけをするのではなく、自分がしたいことをできるようにするためには、職場の仕組みや仕事のやり方を理解して、それを上手に利用することを考えなければなりません。そのためには、「第3章　職場のしきたり」が役に立つことと思います。

　職員が働く条件（勤務条件とか労働条件といいます。）は法律や条例などで決められていますが、その仕組みは意外と知られていませんし、そこで決められている内容を改めて確認する機会も少ないと思います。「第4章　知らないとソン、知っているとトク」では本書中最も多いページを割いて、給料や手当、労働時間（勤務時間）、時間外勤務（超過勤務）に加えて、病気、子育て、家族の助け合いのために利用できる制度を詳しく取り上げました。

　サラリーマンの共通の話題は人事異動だと言われますが、職員には、組織内における転任や昇任だけでなく、他の自治体への災害時における応援派遣などのほか、第三セクターや海外の機関へ派遣されることもあります。これらについては、「第5章　ヒト（他人）のことが気になる」で述べています。

　「第6章　自分のことが気になる」では、昇給や昇格、転任、昇任などの

人事管理の基礎となる人事評価がどのようになされるのか、自分で能力の開発・向上を図るための制度について、説明しています。

　職員は、仕事をしているときはもちろん、仕事を離れたところでも、住民から厳しく監視されています。「第7章　知らないと困る」は、法律で守らなければならないとされている義務の説明です。そして、この義務に違反したり、自治体に財産上の損害を与えたりした場合には、懲戒処分や損害賠償請求をされることがありますが、そのことを説明するのが「第8章　知らないと危ない」です。

　職員は、病気や負傷のために仕事ができなくなったなどの場合には、降給、降任、休職、免職の処分を受ける場合がありますが、その事由は法定されています。「第9章　知っていると安心」ではそのことを説明します。

　職員は不利益な処分を受けたときは、人事委員会又は公平委員会に審査請求をすることができ、処分を受けたわけではなくても、勤務条件について適切な処遇がなされていないときは、人事委員会又は公平委員会にその改善を求める措置の要求をすることができます。これらのことについての説明は「第10章　不満があったら」です。

　職員は、自分から退職することができるほか、定年に達したときは当然に離職することになります。職を離れて、悠々自適の生活ができれば別ですが、多くの場合は、改めて職場を探すことになるものと思います。定年で退職した職員については、同一の自治体における再任用の制度がある一方で、民間企業などに再就職した場合には、従前の職場に不当な関与をすることがないようにするためのルールが定められています。「第11章　辞めたらどうなる」では、再就職した場合のルールについて説明します。

　職員も労働者です。憲法28条が保障する労働基本権が保障されているはずですが、公務員が担う職務（公務）には公共性があることから一定の制限があります。このことについては、「第12章　組合活動はどうなっている」で説明します。

　本書があなたの公務員生活を豊かにすることに役立てば幸いです。

　　平成30年（2018年）11月

　　　　　　　　　　　　　　　　　　　　　　　　　　橋　本　勇

CONTENTS
目 次

この本を手にしたあなたへ

第1章 公務員とは何だ ………………………………… 1

1 公務員と国民 ……………………………………… 1
2 職員となる資格 …………………………………… 3
（1）欠格条項／3
（2）国籍／6
3 職員の種類と任期 ………………………………… 8
（1）地公法が適用される職員（一般職）と適用されない職員（特別職）／8
（2）地公法の特例が適用される職員／9
　1 教職員／10
　2 警察職員及び消防職員／11
　3 企業職員／11
　4 単純労務職員／12
（3）職種／13
（4）職員の任期／15
　1 基本的な考え方／15
　2 地公法が定める任期付採用／16
　　a. 会計年度任用　16　／b. 臨時的任用　18　／c. 配偶者同行休業に伴う任期付採用と臨時的任用　20　／d. 定年退職者の再任用　20
　3 任期付職員採用法が定める任期付採用／21
　　a. 特定任期付職員　21　／b. 一般任期付職員　21　／c. その他の任期付職員　22
　4 任期付研究員採用法が定める任期付採用／23
　5 育児休業・育児短時間勤務の承認に伴う任期付採用と臨時的任用／24
　6 女子教職員の出産に際しての休業に伴う臨時的任用／25
　7 大学の教員の任期付採用／25
4 採用の手続き ……………………………………… 26
（1）任命権者、人事委員会、公平委員会／26
（2）採用の方法／27
　1 採用試験による採用／28

i

目 次

　　　2 選考による採用 ／ 29
　　（3）採用内定とその取消し ／ 31
　5　派遣労働者の雇用申込みへの対応 …………………… 32

第2章　就職したらどうなる …………………… 34

　1　自治体と職員の関係 …………………………………… 34
　2　服務の宣誓 ……………………………………………… 35
　3　条件付採用期間 ………………………………………… 36
　4　兼業（副業）の制限 …………………………………… 39

第3章　職場のしきたり …………………… 41

　1　仕事をする義務 ………………………………………… 41
　　（1）根本基準 ／ 41
　　（2）法令等及び上司の職務上の命令に従う義務 ／ 42
　　（3）職務専念義務とその免除 ／ 44
　2　職制（上司と部下・職務命令）………………………… 46
　3　行政権限と意思決定権限の配分 ……………………… 48

第4章　知らないとソン、知っているとトク（勤務条件）…… 50

　1　働く条件 ………………………………………………… 50
　　　a. 職員に対する経済的給付に関するもの　50　／b. 職員が提供すべき勤務の量に関するもの　51　／c. 職場秩序を含む執務環境に関するもの　51　／d. 労務の提供に付帯する便益に関するもの　51
　2　働く条件決定の一般原則 ……………………………… 52
　　（1）情勢適応の原則 ／ 52
　　（2）均衡の原則 ／ 53
　　　a. 給与　53　／b. 給与以外の勤務条件　54

3　働く条件の決定方法　55
　（1）条例　／ 55
　（2）労働協約　／ 56
　（3）就業規則　／ 58
　（4）労使慣行　／ 59

4　給与その他の給付　60
　（1）非常勤の職員に対する給付　／ 60
　（2）常勤の職員に対する給付　／ 61
　　① 給料及び手当　／ 61
　　② 地域手当　／ 62
　　③ 時間外勤務手当、夜間勤務手当及び休日勤務手当　／ 63
　　④ 期末手当　／ 66
　　⑤ 勤勉手当　／ 66
　　⑥ 退職手当　／ 67
　（3）給与その他の給付の制限　／ 70
　（4）給与の決定及び支給に関する原則　／ 70
　　① 職務給の原則と標準職務遂行能力　／ 70
　　② 給与支給の原則　／ 75
　（5）給与条例　／ 77
　　① 給料表　／ 78
　　② 等級別基準職務表　／ 79
　　③ 初任給・昇給・昇格の基準に関する事項　／ 79
　　④ 時間外勤務手当、夜間勤務手当及び休日勤務手当に関する事項　／ 80
　　⑤ 時間外勤務手当、夜間勤務手当及び休日勤務手当以外の手当に関する事項　／ 80
　　⑥ 非常勤職員の職その他勤務条件の特別な職についての給与の調整に関する事項　／ 81
　　⑦ 給与の支給方法及び支給条件に関する事項　／ 81

5　働き方改革（勤務時間と休み）　81
　（1）正規の勤務時間と週休日並びに祝日と閉庁日　／ 81
　（2）休憩時間　／ 84
　（3）時間外勤務　／ 85

6　ワークライフバランス（休暇等）　87
　（1）年次有給休暇　／ 87
　（2）病気休暇　／ 88

　　　　① 制度 ／ 88
　　　　② 運用 ／ 89
　　　　③ 就業禁止 ／ 90
　　　　④ 試し出勤及び慣らし出勤 ／ 90
　（3）特別休暇 ／ 91
　　　　a. 公民権の行使　92　／b. 証人などとしての出頭　93　／c. 骨髄液の提供　93　／d. ボランティア活動　93　／e. 結婚　94　／f. 忌引　94　／g. 父母の祭日　94　／h. 夏季休暇　94　／i. 災害による住居の重大な被災　95　／j. 災害のための交通途絶による出勤不能及び退勤時の危険回避　95
　（4）出産及び育児のための休暇や休業等 ／ 95
　　　　① 産前産後の休暇 ／ 95
　　　　② 妻の出産のための休暇 ／ 96
　　　　③ 妻の出産に伴う子の養育のための休暇 ／ 96
　　　　④ 育児時間 ／ 96
　　　　⑤ 子の看護のための休暇 ／ 97
　　　　⑥ 育児休業 ／ 97
　　　　　a. 育児休業　97　／b. 部分休業　99　／c. 育児短時間勤務　99　(a) 勤務日数及び勤務時間、(b) 給与・手当の取扱い
　（5）介護休暇（休業） ／ 102
　（6）要介護家族の介護などのための休暇及び時間 ／ 103
　　　　① 休暇 ／ 103
　　　　② 介護時間 ／ 104
　（7）子どもの養育又は要介護家族の介護のための時間外勤務・深夜勤務の制限 ／ 105
　（8）配偶者同行休業 ／ 106

7　安心して働く（職場の安全）　108

　（1）安全配慮義務 ／ 108
　（2）公務災害補償及び通勤災害補償 ／ 109
　（3）規制時間、有償時間、負荷時間 ／ 110
　　　　① 規制時間 ／ 111
　　　　② 有償時間 ／ 112
　　　　③ 負荷時間 ／ 112

第5章 ヒト（他人）のことが気になる（人事異動）　114

1. 欠員の補充　114
   - （1）転任／115
   - （2）昇任及び昇格／116
   - （3）降任／117
2. 出向及び兼職　119
   - （1）出向／119
   - （2）兼職／119
3. 派遣　120
   - （1）自治体相互間の派遣／120
   - （2）災害派遣／121
   - （3）第三セクター等への派遣／122
   - （4）海外の機関への派遣／124

第6章 自分のことが気になる（人事評価及び研修）　125

1. 人事管理の基礎としての人事評価　125
2. 人事評価の対象　126
3. 人事評価に基づく措置　129
4. 研修　129
5. 自己啓発等　130
   - （1）修学部分休業／131
   - （2）自己啓発等休業／131
   - （3）大学院修学休業／132

第7章 知らないと困る（服務規律）　134

1. 服務規律の根本　134
2. 信用保持の義務　136

（1）信用失墜行為の禁止 ／ 136
　（2）秘密を守る義務 ／ 137
 3 　政治的行為の制限 ──────────────────────── 139

第8章　知らないと危ない（職員の責任） ────── 142

 1 　職員の責任の意味 ───────────────────────── 142
 2 　懲戒処分 ──────────────────────────── 143
　（1）懲戒処分の対象となる事象 ／ 143
　　　　a. 地公法もしくは地公法の特例を定めた法律又はこれに基づく条例、自治体の規則もしくは自治体の機関の定める規程に違反した場合　144 ／b. 職務上の義務に違反し、又は職務を怠った場合　144 ／c. 全体の奉仕者たえるにふさわしくない非行のあった場合　145
　（2）処分権者の裁量 ／ 145
　（3）人事異動と懲戒 ／ 146
　（4）懲戒の手続き及び効果 ／ 148
 3 　損害賠償責任 ────────────────────────── 150
　（1）自治法による責任 ／ 150
　　　①現金、有価証券、物品の保管等についての責任 ／ 150
　　　②財務会計行為についての責任 ／ 151
　（2）民法による責任 ／ 152
　（3）職員に対する賠償責任の追及の方法 ／ 153
　　　①長による賠償命令 ／ 153
　　　②住民監査請求及び住民訴訟 ／ 154

第9章　知っていると安心（身分保障） ────── 156

 1 　身分保障の意味 ───────────────────────── 156
 2 　分限処分 ──────────────────────────── 157
　（1）分限処分の基本 ／ 157
　（2）降任及び免職 ／ 158
　（3）休職 ／ 160

　　　　① 地公法が定める休職事由 ／ 160
　　　　② 条例で定める休職事由 ／ 161
　　（4）降給 ／ 163
　　（5）分限の手続き及び効果 ／ 164
　　（6）条件付採用期間中の職員及び臨時的任用職員についての特例 ／ 165
　　（7）県費負担教職員についての特例 ／ 166
　3　失職 ──────────────────────────── 166

第10章　不満があったら（措置の要求及び審査請求）──── 167

1　勤務条件に関する措置の要求 ──────────────── 167
2　不利益処分に関する審査請求 ──────────────── 168

第11章　辞めたらどうなる（離職）─────────── 171

1　離職の意味 ──────────────────────── 171
2　辞職 ────────────────────────── 171
3　定年 ────────────────────────── 173
　　（1）原則 ／ 173
　　（2）定年による退職の特例（勤務延長） ／ 175
　　（3）定年による退職の特例（定年退職者等の再任用） ／ 176
　　　　① 再任用の趣旨 ／ 176
　　　　② 短時間勤務の職への再任用 ／ 177
　　　　③ 自治体の組合等への再任用 ／ 178
　　　　④ 再任用職員の任期 ／ 179
　　　　⑤ 再任用職員に対する手当 ／ 179
　　　　⑥ 再任用職員の兼職と年休 ／ 180
4　再就職（退職管理） ─────────────────── 180
5　高齢者部分休業 ──────────────────── 184

第12章 組合活動はどうなっている（職員の労働基本権）……186

- 1 総論 …… 186
- 2 職員の団結権 …… 187
  - （1）職員団体 ／ 187
    - ①目的 ／ 187
    - ②管理職と職員団体 ／ 188
    - ③登録職員団体 ／ 189
    - ④警察職員と消防職員 ／ 190
  - （2）労働組合 ／ 191
  - （3）職員団体と労働組合の関係 ／ 192
- 3 自治体との交渉 …… 193
  - （1）職員団体の交渉 ／ 193
  - （2）労働組合の団体交渉 ／ 195
- 4 争議行為等の禁止 …… 197

凡例 ／ 199
より詳しく知りたい方へ―本書で掲載した判例一覧 ／ 203

第1章 公務員とは何だ

1　公務員と国民

　自治体職員というのは、地方公共団体に勤務する者のことであり、国に勤務する者とあわせて公務員と称されます。地方公共団体というのは、「地方自治」について定める憲法8章で使用されている表現ですが、その自主性・自立性を強調又は意識したときには自治体と表現されます。

　国の基本を定める憲法は、その15条で、公務員について次のように定めています。

① 公務員を選定し、及びこれを罷免することは、国民固有の権利である。
② 全て公務員は、全体の奉仕者であって、一部の奉仕者ではない。
③ 公務員の選挙については、成年者による普通選挙を保障する。
④ 全て選挙における投票の秘密は、これを侵してはならない。選挙人は、その選択に関し公的にも私的にも責任は問われない。

　これは、憲法前文が定める「そもそも国政は、国民の厳粛な信託によるものであつて、その権威は国民に由来し、その権力は国民の代表者がこれを行使し、その福利は国民がこれを享受する。」という精神を具体化した規定の一つであり、個々の公務員についての人事権を有する者を順次遡ると、最終的には、選挙で選ばれた代表者（国の場合の国会、自治体の場合の長など）に行き着きます。

　公務員が全体の奉仕者であって、一部の奉仕者ではないというのは、公務員がもつべき基本的な心構えのことであり、公務員という職業を選んだからには、常に国民全体の利益を念頭において職務を行わなければならないという意味です。

このことは、同時に、国民全体の利益のためには、国民としての権利の行使に制限が課されることがあることを認めなければならないことでもあります。

　民法が定める契約の一形態としての雇用は「当事者の一方が相手方に対して労働に従事することを約し、相手方がこれに対してその報酬を与えることを約することよって、その効力を生ずる。」（民法623条）もので、その契約における「労働条件は、労働者と使用者が、対等の立場において決定すべきものである。」（労基法2条1項。なお労契法3条参照）とされますが、公務員の勤務関係については、契約という概念はありません（一般職の国家公務員には労基法及び労契法は適用されませんし、一般職の地方公務員についても労基法2条及び労契法は適用を除外されています。）。

　すなわち、民間における雇用の純粋な形は、労働力の売買関係であり、そこには使用者に対する奉仕（忠誠と言い換えることもできるでしょう。）という要素はありません（もちろん、これは理念型としての雇用契約についてのものであり、現実には、民間企業においても自社に対するロイヤリティを期待していることは否定できません。）。

　それに対して、公務員は労働力の提供に対する対価を受領するというだけでなく、法律上の要請として、国民に対する奉仕の精神が求められています。

　このことについて、地公法30条は、「全て職員は、全体の奉仕者として公共の利益のために勤務し」なければならないと定めています。

　従来、地方公務員については国に準ずべきであると言われることが多かったのですが、国においては、鉄道事業や郵政事業の民営化（公共企業体の廃止）、大学の法人化をはじめとして、現業的な部門（直接サービスを提供する部門）の国の行政組織からの分離が急激に推進されました（○○機構という名称の法人が沢山設立されています。）。

　これに対して、自治体においては、福祉の分野を中心として現業的な領域が急激に拡大し、職員の範囲が拡大、複雑化しています。

　このような法律上の差異と実態の乖離の結果、国家公務員と地方公務員を公務員という一つのカテゴリーで論じることが非常に困難となり、「国に準じる」という従来の思考方法が通用しない事柄が多くなっています。

2　職員となる資格

(1) 欠格条項

　欠格条項というのは、職員となり、職員としての地位を保持できない事由を定めた条項のことであり、消極的な職員としての資格を意味します。このことについて、地公法は、

ア）次のいずれかに当てはまる者は、条例で定める場合を除いて、職員になり、又は競争試験もしくは選考を受けることができず（16条）、

イ）採用後にこれに該当することとなった者は、条例に特別の定めがある場合を除いて、当然に失職する（28条4項）

と定めています（ただ、次の③に該当する場合は、免職処分によって職を失っているので、再度失職することはありません。）。

① 成年被後見人又は被保佐人
② 禁錮以上の刑に処せられ、その執行を終わるまで又はその執行を受けることがなくなるまでの者
③ 当該自治体において懲戒免職の処分を受け、当該処分の日から2年を経過しない者
④ 人事委員会又は公平委員会の委員の職にあって、地方公務員法5章に規定する罪を犯し刑に処せられた者
⑤ 日本国憲法施行の日以後において、日本国憲法又はその下に成立した政府を暴力で破壊することを主張する政党その他の団体を結成し、又はこれに加入した者

欠格条項というのは、この①から⑤の条項のことです。

〈欠格条項1〉

　欠格条項の第一は、「成年被後見人又は被保佐人」です。成年被後見人というのは、精神上の障害によって常時事理を弁識する能力（物事の道理を認識し、判断する能力）を欠いている状態にある人について家庭裁判所が後見開始の審判をした者のことです（民法7条、8条）。

　そしてそのような人は正常な判断能力を有しないことから、財産に関する

法律行為については成年後見人が代理人となり、成年被後見人が行った日常生活に関するもの以外の財産上の法律行為は取り消すことができます（民法9条、859条など）。

　また、被保佐人というのは、精神上の障害によって事理を弁識する能力が著しく不十分な人について家庭裁判所が保佐開始の審判をした人のことです（民法11条）。これに該当する人は十分な判断能力を有しないことから、財産に関する重要な法律行為については保佐人の同意が必要とされ（裁判所は法定されているもの以外の行為についても同意を必要とすることを定めることができます。）、被保佐人が保佐人の同意を得ないで行った法律行為は取り消すことができます（民法12条、13条）。

　このように、成年被後見人及び被保佐人は、自己の財産についてさえ自らの判断だけで処分などをする能力がないとされるので、そのような人に公務の遂行を委ねることはできないと考えられたのです。

　なお、精神上の障害によって事理を弁識する能力が不十分な人について家庭裁判所が補助開始の審判をした人は被補助人とされ、一定の行為について補助人の同意を要することとされることはありますが（民法14条～16条）、被補助人であることは欠格事由とされていません。

〈欠格条項2〉

　欠格条項の第二は、「禁錮以上の刑に処せられ、その執行を終わるまで又はその執行を受けることがなくなるまでの者」です。

　禁錮以上の刑というのは、禁錮、懲役及び死刑のことです（刑法9条、10条）。その執行を終わるまでというのは、服役して刑期が満了するまでという意味であり、その執行を受けることがなくなるまでというのは執行猶予期間の満了（刑法27条）、あるいはその刑を言い渡した判決が確定した後に大赦、特赦などの恩赦（恩赦法参照）によって刑を受けることがなくなるまでという意味です。

　したがって、禁錮以上の刑に処せられる可能性のある罪で起訴されたとしても、それだけで欠格条項に該当することにはなりませんが、禁錮以上の刑が確定した場合には、たとえそれに執行猶予がついていても、その期間が満

了するまではこれに該当することになります。

〈欠格条項3〉
　欠格条項の第三は、「当該地方公共団体において懲戒免職の処分を受け、当該処分の日から2年を経過しない者」です。懲戒免職の処分というのは、当該職員の非違行為の責任を追及して職員の身分を剥奪するものですから、そのような職員を再び職員とすることは自己矛盾です。ただ、その不利益を永久のものとまでする必要はないとして、2年という期間が設けられたものです。
　なお、懲戒免職の処分は、当該自治体からの排除を意味するだけで、その理由とされた行為に対する評価が自治体によって異なることもあり得ることから、当該処分をした自治体以外の職員となることは、この欠格条項には違反しません。ただし、県費負担教職員の場合は、当該処分をした教育委員会が任命する職員及び当該処分当時に属していた自治体の職員になることはできないとされています（地教行法47条1項による地公法16条の読み替え）。

〈欠格条項4〉
　欠格条項の第四は、「人事委員会又は公平委員会の委員の職にあって、地方公務員法第5章に規定する罪を犯し刑に処せられた者」です。これは、人事委員会又は公平委員会の委員の職務と責任の重要性に鑑みて、そのような職にありながら、地公法の定めに違反して有罪となった場合は、いずれの自治体においても永久に職員となることができないとされたものです。

〈欠格条項5〉
　欠格条項の第五は、「日本国憲法施行の日以後において、日本国憲法又はその下に成立した政府を暴力で破壊することを主張する政党その他の団体を結成し、又はこれに加入した者」です。自治体における行政は、憲法の定める社会秩序の下で行われるものであり、その基本は言論による民主主義ですから、それを暴力で破壊することを主張する団体の構成員が職員になることは自己矛盾だということです。

なお、破産宣告を受けた者（破産法126条）の適格性が問題とされることがありますが、破産に至る事由には種々のものがあり、破産宣告を受けたこと自体がその人の事理を弁識する能力の不足や人格的な欠陥を意味するものではないので、そのことだけで欠格条項に該当することはありません。

　ところで、欠格条項については、条例で特例を定めることができるとされています（地公法16条、28条4項）。例えば、職員が交通事故を起こし、禁錮以上の刑に処せられても、その刑の執行が猶予されたとき（刑法25条）は失職しないとする旨の条例を定めている自治体も見受けられます。

　なお、欠格条項に該当することが見過ごされて、職員たり得ない者が事実上公務員としての行為を行うことがあり得ますが、そのような場合には、当該行為の効力や支払われた給与の取扱いが問題となります。

　これは、事実上の公務員の問題として論じられるのですが、まず、当該行為の効力については、それを行う能力を有しない人が行ったものとして無効となるのが原則ですが、その行為が行われた時の具体的な事情によっては、相手方の信頼の保護、法的安定性の要請などの観点から、有効とされることも少なくないと思われます。

　次に、給与については、それを支払うべき法律上の原因がないので、当該自治体は支払った給与相当額の不当利得の返還請求権（民法703条）を有することになります。しかし、その反面において、当該自治体は、法律上の原因なくして、その人から労務の提供を受けているので、相手方もそれに見合う不当利得返還請求権を有することになります。

　そして、通常は、給与のうちの勤務の対価としての部分と提供を受けた労務の金銭的評価額は同等であると考えられますので、両者は相殺され、住宅手当、家族手当などの勤務の対価としての意味をもたない給付についてだけ返還をすることになります。

(2) 国籍

　地公法は、その13条で、全て国民は、地公法の適用について平等に取り扱われなければならないとし、18条の2で、採用試験を「全ての国民」に対して平等の条件で公開すべきことを定めています。

これらの規定は、その対象を国民としており、それが日本国籍を有する者を意味することは明らかですので、外国人（日本国籍を有しない者を意味します。）はその対象となりません。ただ、このことは、外国人を採用することが禁止されていることを意味するわけではなく、外国人を採用するかどうかは、基本的に、任命権者（その意味については後記4（1）（26ページ）参照）の裁量に委ねられています。

　ただ、労基法3条は、採用された後における労働者の国籍を理由とする労働条件についての差別的取扱いを禁止しています。そして、この労働者には職員も含まれるので、職員として採用された後においては、国籍を理由として、給与、勤務時間その他の勤務条件について差別的取扱いをすることは禁止されます。

　このことについて、判例（最高裁大法廷平成17年1月26日判決・判例時報1885号3頁）は、労基法3条は、合理的な理由に基づいて外国人を国民と異なる取扱いをすることまで許さないとするものではないとして、住民の権利義務を直接形成し、その範囲を確定するなどの公権力の行使に当たる行為を行い、もしくは自治体の重要な施策に関する決定を行い、又はこれらに参画することを職務とするもの（「公権力行使等地方公務員」と称されます。）については、原則として国籍を有する者が就任することが想定されているとみるべきであり、わが国以外の国家に帰属し、その国家との間でその国民としての権利義務を有する外国人が公権力行使等地方公務員に就任することは、本来わが国の法体系の想定するところではない（たとえ、特別永住資格を有している者であっても、公権力行使等地方公務員として採用したり、昇任させたりすることはできない）ことから、自治体が、公務員制度を構築するに当たって、公権力行使等地方公務員の職とこれに昇任するのに必要な職務経験を積むために経るべき職とを包含する一体的な管理職の任用制度を構築して人事の適正な運用を図ること（採用試験や昇任試験の受験資格として国民であることを定めること）ができるとしています。

3 職員の種類と任期

(1) 地公法が適用される職員（一般職）と適用されない職員（特別職）

　職員についての基本を定める法律は地公法ですが、同法は、一般職に属する全ての職員に適用され、法律に特別の規定がない限り、特別職に属する職員には適用されません（同法1条、4条）ので、まずは、「特別職」と「一般職」の区別を明らかにすることが必要です。

　地公法3条は、その1項で職員の職を一般職と特別職に分けるとし、その2項で一般職は特別職に属する職以外の一切の職とするとし、その3項で特別職に属する職を列挙しています。なお、ここでいう「職」とは、個々の公務員が就く「仕事のまとまり」、すなわち、○○課長の仕事、××係長の仕事、△△係員の仕事というような仕事を意味するのであって、その仕事を担当する（その仕事に責任を有する）具体的な人を意味するものではありません。このことは、全ての職員は何らかの職を保有している（職を保有していない職員は存在しません。）ことを意味するのですが、休業が認められ、又は休職もしくは停職となった職員は職を保有するものの、職務に従事しないことになります（休業については地公法26条の5第2項、26条の6第11項及び地公育休法3条1項に明文の規定がありますが、それ以外の場合においてもその性質上当然のことです。）。

　ともあれ、特別職とされるのは、次の職です（地公法3条3項）。

① 就任について公選又は自治体の議会の選挙、議決もしくは同意によることを必要とする職

② 地方公営企業の管理者及び企業団の企業長の職

③ 法令又は条例、自治体の規則もしくは自治体の機関の定める規程により設けられた委員及び委員会（審議会その他これに準ずるものを含みます。）の構成員の職で臨時又は非常勤のもの

④ 都道府県労働委員会の委員の職で常勤のもの

⑤ 臨時又は非常勤の顧問、参与、調査員、嘱託員及びこれらの者に準ずる者の職（専門的な知識経験又は識見を有する者が就く職であって、当該知識経験又は識見に基づき、助言、調査、診断その他総務省令で定める事務を

⑥　投票管理者、開票管理者、選挙長、選挙分会長、審査分会長、国民投票分会長、投票立会人、開票立会人、選挙立会人、審査分会立会人、国民投票分会立会人その他総務省令で定める者の職
⑦　自治体の長、議会の議長その他自治体の機関の長の秘書の職で条例で指定するもの
⑧　非常勤の消防団員及び水防団員の職
⑨　特定地方独立行政法人の役員

　上記の⑤のかっこ書及び⑥は、地方公務員法及び地方自治法の一部を改正する法律（平成29年5月17日法律29号）によって追加され、平成32年（2020年）4月1日から適用されるものです。この改正は、特別職の範囲を明確にすることによって、従来臨時又は非常勤の職であるとして地公法の枠外で取り扱われていた多くの職について、それが本来一般職に属する職員として地公法の適用対象であることを明らかにすることを意図したものです。
　この改正とともに、会計年度任用職員の制度（後記（4）②a（16ページ）参照）が設けられ、従来臨時又は非常勤の職であるとして特別職として扱われてきた多くの者が、この制度の適用を受けることになり、採用手続だけでなく、勤務条件の定め方と適用についても大きな変化が生ずることが予期されます。

（2）地公法の特例が適用される職員

　職員には地公法が適用されます（前記（1）（8ページ）参照）が、地公法自体が、公立学校の教職員、単純な労務に雇用される者（「単純労務職員」と称されます。）その他、その職務と責任に特殊性を有する者について、特例法が制定されることを予定しています（地公法57条）。
　これらの者のうち、単純労務職員についての特例法は未だ制定されていませんが、その職務と責任に特殊性を有する者についての特例法として、警察職員、消防職員及び企業職員に関するものが制定され、単純労務職員については企業職員に関する法律が準用されることとなっています。

1 教職員

　地公法57条がいう「公立学校の教職員」というのは、自治体が設置する学校及び幼保連携型認定こども園の校長及び教員並びに事務職員のことです。これらの職員について特例を定める法律には、教特法及び地教行法をはじめとする各種のものがあり、それぞれが適用対象となる職員を定義した上で、特例を定めています。

　まず、教特法についてみると、同法は、「教育を通じて国民全体に奉仕する教育公務員の職務とその責任の特殊性に基き、教育公務員の任免、分限、懲戒、服務及び研修について規定する」ものとされています（同法1条）。なお、同法が適用される教育公務員の具体的な意味は次のようになっています（同法2条）。

- 「教育公務員」＝公立学校の学長、校長（園長を含みます。）、教員及び部局長並びに教育委員会の教育長及び専門的教育職員
- 「教員」＝公立学校の教授、准教授、助教、副校長（副園長を含みます。）、教頭、主幹教諭（幼保連携型認定こども園の主幹養護教諭及び主幹栄養教諭を含みます。）、指導教諭、教諭、助教諭、養護教諭、養護助教諭、栄養教諭、主幹保育教諭、指導保育教諭、保育教諭、助保育教諭及び講師（常時勤務の者及び地公法28条の5第1項に規定する短時間勤務の職を占める者に限ります。）
- 「部局長」＝公立の大学の副学長、学部長その他政令で指定する部局の長
- 「専門的教育職員」＝指導主事及び社会教育主事

　次に、地教行法は、「教育委員会の設置、学校その他の教育機関の職員の身分取扱その他自治体における教育行政の組織及び運営の基本を定めることを目的とする」ものです（同法1条）。そこでは、教育委員会の事務局の職員及び学校、図書館、博物館、公民館、その他の教育機関の職員並びに給与負担法1条及び2条の規定により都道府県が給与を負担することとされている教職員（「県費負担教職員」と称されます。）について地公法の特例が定められています（同法20条、35条、42条、43条）。

　これらの法律のほか、教職員に関する特例を定める法律には、補助教職員

確保法、学校事務職員の休職特例法、人材確保法があり、それぞれの事項について地公法の特例を定めています。

② 警察職員及び消防職員

警察職員及び消防職員については、地公法自体においても、労働基本権を全面的に認めないこととしています（同法52条5項）が、それ以外にも若干の特例が警察法及び消防組織法によって定められています。

都道府県の警察には、警察官その他所要の職員が置かれることとされています（警察法55条1項）。これらの職員のうち、警視正以上の階級にある警察官（「地方警務官」と称されます。）は一般職の国家公務員とされます（警察法56条1項）ので、地方警務官以外の者が地公法における「警察職員」ということになります。

市町村は、消防本部、消防署又は消防団の全部又は一部を設けなければならず、消防本部及び消防署には消防職員が置かれ、消防本部の長を消防長と、消防署の長を消防署長といいます（消防組織法11条1項、12条1項、13条1項）。また、消防団には消防団員が置かれ、その長は消防団長と称され、常勤の消防団員には地公法が適用されます（消防組織法19条1項、20条1項、23条1項）。

③ 企業職員

自治体の経営する企業については、地財法、地公企法及び地公労法に規定があり、そこに勤務する者の身分関係については、地公企法及び地公労法に特別の規定があります。

まず、地公企法は、水道事業（簡易水道事業を除きます。）、工業用水道事業、軌道事業、自動車運送事業、鉄道事業、電気事業及びガス事業を地方公営企業（2条1項）と、公営企業の「管理者の権限に属する事務の執行を補助する職員」を企業職員（15条）と、それぞれ定義して、企業職員の労働関係については地公労法の定めるところによるとした（36条）上で、給与について自治法及び地公法の特例を定める（38条）とともに、企業職員に適用されない地公法の規定（地公法の規定が適用されないとされる結果については、それぞ

れの該当の箇所で説明します。）を列記しています（39条）。

　一方、地公労法は、地公企法の定める地方公営企業に加えて、①簡易水道事業と②地公企法2条3項に基づいて条例又は規約で同法36条から39条までの規定を適用するとされた企業を地方公営企業と定義し、そこに勤務する一般職に属する地方公務員を職員と称して（3条）、職員に関する労働関係について定めています（4条）。

　このように、地公企法の定義する企業職員と地公労法の定義する職員の範囲は微妙に異なりますが、地公労法17条は、地公企法37条から39条までの規定が適用されない職員についても、地公企法のこれらの規定を準用するとしているので、結果的には、一般職に属する職員の勤務関係に関する限り、地公企法上の企業職員と地公労法上の職員は同一の法律関係になり、その違いを論ずる意味はありません。

　その結果、一般的に、「企業職員」という用語は地公労法にいう職員を意味するものとして使用されることが多くなっており、本書においても、この一般の用法に従うこととします。

4　単純労務職員

　地公法57条は、単純労務職員についての地公法の特例を別に法律で定めるとしています。しかし、この特例法は未だ制定されていないので、それが制定されるまでの間は、単純労務職員であって、企業職員に該当しないものに係る労働関係その他身分取扱いに関しては、地公労法（17条を除きます。）及び地公企法37条から39条までの規定（地公法52条から56条までの規定（職員団体に関する規定）を適用しないとする部分を除きます。）を準用することとされています（地公労法附則5項）。

　したがって、この附則5項が適用される職員の範囲を確定することが必要となるわけですが、一般に、企業職員に該当しない一般職に属する職員であって、すでに廃止されている単純な労務に雇用される一般職に属する地方公務員の範囲を定める政令（昭和26年政令25号）に掲げる者の行う労務を行う者のうち、技術者、監督者及び行政事務を担当する者以外の者がこれに該当すると説明されています。

しかし、時代の推移とともに、この政令に掲げられているほとんどの職は廃止されて、現在でも残っているのは守衛、葬儀夫、自動車運転手の職ぐらいです。

(3) 職種

前記(2)の分類は地公法の特例法が定められているか否かという観点からのものですが、そこで述べた職も含めて、その従事する職務の内容から大まかに分類すると次の表のようになります。

①	一般行政職	下記②～⑮のいずれにも該当しない職
②	研究職	試験所・研究所などにおいて専ら試験研究又は調査研究に従事する職
③	医師・歯科医師職	病院・療養所・診療所などに勤務する医師及び歯科医師の職
④	薬剤師・医療技術職	病院・療養所・診療所などに勤務する薬剤師、栄養士などの専門的な職
⑤	看護・保健職	病院・療養所・診療所などに勤務する保健師、助産士、看護士、准看護士などの専門的な職
⑥	福祉職	障害者福祉施設・児童福祉施設などに勤務し、入所者の指導、保育、介護などの業務に従事する職
⑦	第1号任期付研究員	任期付研究員採用法3条1項1号に基づいて採用された職員
⑧	第2号任期付研究員	任期付研究員採用法3条1項2号に基づいて採用された職員
⑨	特定任期付職員	任期付職員採用法3条1項に基づいて採用された職員
⑩	一般任期付職員	任期付職員採用法3条2項に基づいて採用された職員
⑪	企業職員	前記(2)参照
⑫	教職員	
⑬	警察職員	
⑭	消防職員	
⑮	単純労務職員	
⑯	会計年度任用職員	地公法22条の2に基づいて採用された職員

職員の採用は、上記の職種ごとになされることが多く（一般行政職にあっ

ては法律、経済、土木、建築などの専門的知識を有するグループごとに競争試験や選考が行われることも少なくありません。)、医師・歯科医師職、薬剤師・医療技術職、看護・保健職及び教職員、福祉職の一部の職のように、特別の資格を要する職並びに任期付職員のように特別の法律に基づいて採用される職員以外の職員については、一般行政職として一括して採用し、採用後に該当の職に就けるということも行われています（後記4（2）（27ページ）参照）。

　また、給料表もそれぞれの職種ごとに定められるのが原則ですが、対象者が少ないなどの理由で個別に給料表を設けるということをしていないことも多くなっています（後記第4章4（5）①（78ページ）参照）。

　ところで、職員については、常勤職員と非常勤職員という区分もあります。常勤の職員というのは、勤務に要する時間が通常の職員の勤務時間と同程度であり、その者の生活における収入の相当程度を職員としての勤務による収入に依存するものとするのが適切であり、具体的には勤務日数や勤務の継続期間によってこれを判断すべきであるとされています（最高裁平成22年9月10日判決（判例時報2096号3頁）参照）。ただ、会計年度任用職員の制度の創設（後記（4）①（16ページ）参照）により、地公法上は、任期が1年以内の職員は全て非常勤職員として扱われることになりました。

　そして、非常勤の職員（常時勤務を要する職よりも勤務時間の短い職員）については、再任用短時間勤務職員（後記（4）①d（20ページ）参照）、任期付き短時間勤務職員（後記（4）③c（22ページ）参照）及び育児休業に伴う任期付き短時間勤務職員（後記（4）④（23ページ）参照）の任用について特別の定めがあるものの、これら以外については何の定めもありません。

　また、短時間勤務職員及び会計年度フルタイム職員については、給料を支給しなければならず、手当を支給することができるとされる（自治法204条）のに対して、それ以外の非常勤職員（会計年度フルタイム職員を除きます。）については、報酬を支給しなければならないとされる（自治法203条1項）ものの、法律に根拠を有しない手当の支給が禁止されており（自治法204条の2）、会計年度パートタイム職員に対する期末手当以外の各種手当の支給はできないことになっています（自治法203条の2第4項）。

(4) 職員の任期
① 基本的な考え方

　職員の採用は、任期を定めないで行うのが地公法の建前ですが（「定年」については後記第11章3（173ページ）参照）、それを必要とする特段の事情があって、職員の身分保障（これについては後記「分限」（157ページ）の項で説明します。）に反しない場合には、法律に明文の定めなくても任期を定めて採用することができ、それによって採用された者はその任期の満了により当然に退職すると解されています（最高裁昭和38年4月2日判決・判例タイムズ146号62頁、最高裁平成6年7月14日判決・判例時報1519号118頁）。

　従来、これらの判例に依拠して一般職の職員として地公法17条の2の方法により期限を定めた任用を行い、又は特別職であるから地公法は適用されないとして、職員の任命について定めた自治法172条などの一般的な規定だけを根拠に要綱などを定めて期限を定めた任用を行うことが比較的安易に行われていました。

　しかし、この判例の理論だけによるときは、いかなる事情の下で、いかなる条件で任期を定めた採用をすることができるのかは必ずしも明確ではなく、特別職として採用した場合における身分取扱いについての法的根拠は曖昧です。

　この結果、短時間勤務職員以外の任期の定めがある職員は、法律の空白地帯に置かれ、いわば第三の公務員と称されるような状態になっていました。

　この不都合を解消するために、平成29年5月17日法律29号として地方公務員法及び地方自治法の一部を改正する法律が制定・公布され、平成32年（2020年）4月1日から施行されることになっています。

　この改正（地公法22条2項を改正し、22条の3第1項とする改正）によって、非常勤の職の欠員を補充するために臨時的任用をすることができなくなり、会計年度任用職員の採用について定める条文が地公法22条の2として新設され、職員に対して支給できる報酬、給料及び手当を定める自治法203条の2及び204条の改正がなされています。

　このように制度が整備され、具体的な法律の定めなしに任期を定めた採用をする必要がなくなった結果、今後の職員の任期付採用は、前記の判例の一

般論に依拠したものから、これらの法律が定める制度によるものに収斂していくものと思われます。

　以下、法律に明文の規定がある任期付採用の制度を概観し、それぞれの詳細については、必要に応じて、該当の箇所で詳述することにします。

2 地公法が定める任期付採用

a. 会計年度任用

　会計年度任用職員の制度が創設されたのは、特別職非常勤職員が21万5,800人、一般職非常勤職員が16万7,033人、臨時的任用職員が26万298人が、それぞれ存在するという調査結果（平成28年（2016年）4月1日現在。総務省調べ）を踏まえて、その法律上の位置づけを明確にするためになされたものであると説明されています。

　特別職が厳格に定義されたこと（前記（1）（8ページ）参照）及び臨時的任用が常時勤務を要する職に欠員を生じた場合に限られることになったこと（後記b（18ページ）参照）をあわせて考えると、前記の平成29年5月17日法律29号が施行される平成32年（2020年）4月1日以降は、従前の特別職非常勤職員、一般職非常勤職員及び臨時的任用職員のほとんどが会計年度任用職員として位置づけられることになるものと思われます。

　この改正により追加された地公法22条の3第1項は、会計年度任用職員として、次の2つの職員を定めています。

① 一会計年度を超えない範囲内で置かれる非常勤の職（「会計年度任用の職」といいます。）を占める職員であって、その1週間当たりの通常の勤務時間が常時勤務を要する職を占める職員の1週間当たりの通常の勤務時間に比し短い時間であるもの（以下、本書において「会計年度パートタイム職員」といいます。）

② 会計年度任用の職を占める職員であって、その1週間当たりの通常の勤務時間が常時勤務を要する職を占める職員の1週間当たりの通常の勤務時間と同一の時間であるもの（以下、本書において「会計年度フルタイム職員」といいます。）

ここで、まず注意が必要なのは、非常勤の職の意味です。

常勤の職と非常勤の職の区別の基準は前記（3）(13ページ)で述べたとおりですが、会計年度任用職員の制度においては、一定の期間で終了する業務又は標準的な業務の量がフルタイム勤務までを必要としないものを担当する職を「非常勤の職」とし、そのうちの一会計年度を超えない範囲内で置かれるものを「会計年度任用の職」とされています。

したがって、一会計年度を超えて置かれる職は、その職を占める職員の勤務時間に関係なく、この制度の対象とならず、従来から期限付き採用が認められる場合の典型的な例としてあげられていた一定の期間内に終了する特定のプロジェクト（ダムなどの大規模な施設の建設、オリンピックなどのイベントの開催等）などのためになされる採用については、地公法17条の2（後記4（2）(27ページ)参照）又は任期付職員採用法（後記3（21ページ）参照）が適用されることになります。

そして、会計年度任用職員については、1週間当たりの勤務時間が、常時勤務を要する職を占める職員の1週間当たりの通常の勤務時間よりも短い会計年度パートタイム職員と、それと同一の勤務時間の会計年度フルタイム職員とに区分されることになります。

次に注意が必要なのは、定年退職者の再任用について定める地公法28条の5第1項及び3項によると、短時間勤務の職（当該職を占める職員の1週間当たりの通常の勤務時間が、常時勤務を要する職でその職務が当該短時間勤務の職と同種のものを占める職員の1週間当たりの通常の勤務時間に比し短い時間である者をいいます。）に採用できるのは、定年年齢で退職した者などに限られていることです。この括弧書の意味はわかり難いのですが、要は、常時勤務を要する職と同程度の困難さと責任を伴う職で1週間当たりの勤務時間が短いだけのものが短時間勤務の職とされるということです。

定年退職者以外で短時間勤務の職に就くことができるものについては該当の箇所（後記d (20ページ)、2c (22ページ)、4 (23ページ)、第11章3（3）2 (177ページ) 参照）で説明しますが、これに該当しない会計年度パートタイム職員には、常時勤務を要する職員が担当している事務事業と同等程度の業務を行う職（その職務と責任が同程度である職）に従事することができないこ

とになります。

　三番目に注意が必要なのは、会計年度パートタイム職員に該当する職員には期末手当を支給することができるものとされていますが（自治法203条の2第4項）、手当の支給については、「支給される当該手当の性質からみて、当該臨時的任用職員の職務の内容及びその勤務を継続する期間等の諸事情にかんがみ、その支給の決定が合理的な裁量の範囲内であるといえることを要するものと解するのが相当である。」（最高裁平成22年9月10日判決・判例時報2096号3頁）とされていることです。

　このことから、実際に期末手当を支給することが適当かどうかは勤務時間や勤務日数を勘案して決定すべきことになります（少なくとも1週間の勤務日数が1日の職員に期末手当を支給する合理性はないと思われます。）。なお、会計年度フルタイム職員に該当する職員には、給料及び旅費を支給しなければならず、各種の手当（後記第4章4（2）（61ページ）参照）を支給することができるとされていますが、これについても、その支給が「合理的な裁量の範囲内」でなければならないことは同じです。

　なお、この職員の任期は一会計年度を超えない範囲で定められ、その任期中であれば更新することが可能ですが（地公法22条の2第4項）、任期の満了によって当然に退職（失職）となります（前記最高裁平成6年7月14日判決）。

　しかし、任期の満了後（翌会計年度）については何の制限もないので、改めて地公法22条の2第1項の規定により、当該年度における会計年度職員として採用されることがあります。そして、この再度の採用が繰り返されるときは、その継続の状況に応じて、地方公務員の共済制度や公務災害補償制度の対象となり、又は一般の社会保険の対象となることがありますし、任期の定めのない採用に係る職員と同様の休暇や休業の制度が適用されることもあります。

b. **臨時的任用**

　任命権者（その意味については後記4（1）（26ページ）参照）は、自治体の規則又は人事委員会規則で定めるところにより、常時勤務を要する職に欠員を生じた場合において、緊急のとき（人事委員会を置く自治体にあっては採用候

補者名簿又は昇任候補者名簿がないときを含みます。）、又は臨時の職に関するときは、6か月を超えない期間で臨時的任用を行うことができます。任命権者は、その任用を6か月を超えない期間で更新することができますが、再度更新することはできません。また、人事委員会は、臨時的任用につき、任用される者の資格要件を定めることができ、それに違反する臨時的任用を取り消すことができます。また、臨時的任用されたことによって、正式任用に際して、いかなる優先権も得ることはありません（地公法22条2項～7項）。

臨時的任用を行うことができる場合を「常時勤務を要する職に欠員を生じた場合」に限定する改正（地公法22条2項を改正し、22条の3第1項とする改正）は、地方公務員法及び地方自治法の一部を改正する法律（平成29年5月17日法律29号）によってなされ、平成32年（2020年）4月1日から施行されることとなっています（この改正により、従来の地公法22条2項から7項は、同日以降は22条の3の各項となります。）。

この改正前は、臨時的任用の期間は6か月が上限とされ（一会計年度内には限りません。）、1回6か月を限度として更新することはできますが、再度の更新はできず、これに違反する任用は人事委員会が取り消すことができるとされています（地公法22条4項）。

しかし、この臨時的任用にあっても、更新ではなく、新たな任用であれば、回数の制限はないとされていたことから、新たな任用として同一人を繰り返して任用する例が少なくありませんでした。

ところが、平成29年（2017年）の改正により、臨時的任用ができるのは、常時勤務を要する職に欠員を生じた場合において、緊急のとき、臨時の職に関するとき又は採用候補者名簿もしくは昇任候補者名簿がないときに限られることとされました。すなわち、臨時的任用は、常時勤務を要する職に欠員を生じた場合に限って、採用（臨時的任用は含まれません。地公法15条の2第1項1号）、昇任、降任又は転任のいずれかの方法によってその欠員を補充する時間的余裕がないときになされるものです。常時勤務を要する職の欠員が1年を超えて放置されることがないのが通常です（1年以内に前記のいずれかの方法をとることは可能です。）から、普通は、新たな臨時的任用として、同一の職について臨時的任用が繰り返されることはないことになります。

なお、臨時的任用における臨時の職の勤務時間は、それが常時勤務を要する職を補充するものですから、当該常時勤務を要する職を占める職員の1週間当たりの通常の勤務時間と同一となります。

c. 配偶者同行休業に伴う任期付採用と臨時的任用

　配偶者同行休業というのは、職員が、外国での勤務その他の条例で定める事由により外国に住所又は居所を定めて滞在するその配偶者（届出をしないが事実上婚姻関係と同様の事情にある者を含みます。）と、当該住所又は居所において生活を共にするための休業のことです（この休業の制度については、後記第4章6（8）（106ページ）で詳しく説明します。）。

　職員が申請をした期間（「申請期間」といいます。）について、職員の配置換えその他の方法によって当該申請をした職員の業務を処理することが困難であると認めるときは、条例で定めるところにより、当該業務を処理するためになされる次に掲げるいずれかの任用をすることができます。

① 申請期間を任用の期間（「任期」といいます。）の限度として行う任期を定めた採用
② 申請期間を任期の限度として行う臨時的任用（申請期間について1年を超えて行うことはできません。）

　この①又は②によって採用された職員は、任期が申請期間に満たない場合は、当該申請期間の範囲内において、その任期を更新することができます。

　任命権者は、その職員を、任期を定めて採用した趣旨に反しない場合に限り、その任期中、他の職に任用することができるとされ、②による臨時的任用を行う場合には、臨時的任用を行うことができる場合及びその任期について定める規定（地公法22条2項、5項）及び人事委員会の権限に関する規定（地公法22条3項、4項）は適用されませんが、当該臨時的任用が正式任用に際して優先権を有せず、その身分取扱いなどに地公法が適用されるとする6項及び7項は適用されます（地公法26条10項）。

d. 定年退職者の再任用

　会計年度任用の職への採用は公務の必要によるものですが、定年年齢と年

金の支給開始年齢の引き上げとの関係を考慮して、定年退職者について、常時勤務を要する職又は短時間勤務の職（その1週間当たりの通常の勤務時間が常時勤務を要する職を占める職員の1週間当たりの通常の勤務時間に比し短い時間であるもの）に採用することができます（地公法28条の4～28条の6）。

これは、定年退職者等（この定義は地公法28条の4第1項のかっこ書にあります。）の職員としての前歴を考慮したもの（後記第11章3（1）（173ページ）で詳しく述べます。）であり、通常の採用とは趣旨が異なります。

3 任期付職員採用法が定める任期付採用

a. 特定任期付職員

特定任期付職員というのは、高度の専門的な知識経験又は優れた識見を有する者をその者が有する当該高度の専門的な知識経験又は優れた識見を一定の期間活用して遂行することが特に必要とされる業務に従事させる場合に、5年以内の任期を定めて採用される職員のことです（任期付職員採用法3条1項、6条1項）。

なお、この職員に対しては、特定任期付職員業績手当を支給することができるとされており（自治法204条2項）、後記の一般任期付職員との大きな差異となっています。

b. 一般任期付職員

一般任期付職員というのは、専門的な知識経験を有する者を当該専門的な知識経験が必要とされる業務に従事させる場合において、次に掲げる場合のいずれかに該当するときであり、当該者を当該業務に期間を限って従事させることが公務の能率的運営を確保するために必要であるときに、5年以内の任期を定めて採用される職員のことです（任期付職員採用法3条2項、6条1項）。

① 当該専門的な知識経験を有する職員の育成に相当の期間を要するため、当該専門的な知識経験が必要とされる業務に従事させることが適任と認められる職員を部内で確保することが一定の期間困難である場合
② 当該専門的な知識経験が急速に進歩する技術に係るものであることそ

の他当該専門的な知識経験の性質上、当該専門的な知識経験が必要とされる業務に当該者が有する当該専門的な知識経験を有効に活用することができる期間が一定の期間に限られる場合
③　①及び②に掲げる場合に準ずる場合として条例で定める場合

c．その他の任期付職員

　専門的な知識経験等に着目して採用されるのが特定任期付職員及び一般任期付職員であるのに対し、期限付きの業務又は業務の繁忙期への対応のために採用される任期付職員があります（任期付職員採用法4条1項）。

　この職員の任期は、原則として3年であり、条例で定める場合には5年とすることができるとされています。この任期付職員には、常時勤務を要する職員と短時間勤務職員とがありますが、常時勤務を要する職員については、任期を定めないで採用された職員を期限付きの業務又は業務の繁忙期への対応のために使用し、その職員が従事していた業務を行わせることができ、短時間勤務職員については、地公法28条の5第3項（この規定の意味については後記第11章3（3）②（177ページ）参照）が適用除外され、定年年齢に達した者以外の者を採用することもできることになっています（任期付職員採用法4条、5条1項、6条2項、9条2項）。

　なお、短時間勤務職員の任期を定めた採用については、前記の場合のほか、いくつかの特例が定められています。

　その一つは、住民サービスの充実のためのものであり、その要件は次のようになっています（任期付職員採用法5条2項）。

　　住民に対して職員により直接提供されるサービスについて、その提供時間を延長し、もしくは繁忙時における提供体制を充実し、又はその延長した提供時間もしくは充実した提供体制を維持する必要がある場合において、短時間勤務職員を当該サービスに係る業務に従事させることが公務の能率的運営を確保するために必要であるとき

　特例の第二は、特殊な事情により正規の職員が職務を行うことができない場合に対処するためのものであり、その場合として、職員が次に掲げる承認

（②にあっては、承認その他の処分）を受けて勤務しない時間について短時間勤務職員を当該職員の業務に従事させることが当該業務を処理するため適当であると認める場合が定められています（任期付職員採用法5条3項）。

① 修学部分休業（地公法26条の2第1項）又は高齢者部分休業（地公法26条の3第1項）の規定による承認（後記第6章5（1）（131ページ）及び第11章4（180ページ）参照）

② 要介護家族の介護のための休業（育休法61条6項の規定により読み替えて準用される同条3項から5項までの規定を最低基準として定める条例）の規定による承認その他の処分（後記第4章6（6）（103ページ）参照）

③ 育児のための部分休業（地公育休法19条1項）の規定による承認（後記第4章6（4）6b（99ページ）参照）

4 任期付研究員採用法が定める任期付採用

公設試験研究機関における研究業務に従事する職員については、次の場合に、任期を定めて採用することができることになっています（任期付研究員採用法3条1項）。

① 研究業績等により当該研究分野において特に優れた研究者と認められている者を招へいして、当該研究分野に係る高度の専門的な知識経験を必要とする研究業務に従事させる場合（任期は、5年を超えない範囲内で任命権者が定めます。ただし、特に5年を超える任期を定める必要があると認める場合には、7年（特別の計画に基づき期間を定めて実施される研究業務に従事させる場合にあっては、10年）を超えない範囲内で任期を定めることができます。）

② 独立して研究する能力があり、研究者として高い資質を有すると認められる者（これに該当する者として、かつて当該自治体又は当該自治体が設立した特定地方独立行政法人の職員として任期を定めて採用されたことがある者を除きます。）を、当該研究分野における先導的役割を担う有為な研究者となるために必要な能力のかん養に資する研究業務に従事させる場合（任期は、3年を超えない範囲内で任命権者が定めます。ただし、研究業務の性質上特に必要がある場合には、5年を超えない範囲内で任期を定める

ことができます。)

5 育児休業・育児短時間勤務の承認に伴う任期付採用と臨時的任用

　育児休業(この休業の制度については、後記第4章6(4)⑥(97ページ)で詳しく説明します。)の申請があった場合において、職員が申請をした期間(「申請期間」といいます。)について、職員の配置換えその他の方法によって当該申請をした職員の業務を処理することが困難であると認めるときは、当該業務を処理するためになされる次のいずれかの任用をすることができます(地公育休法6条1項)。

① 申請期間を任用の期間(以下「任期」といいます。)の限度として行う任期を定めた採用

② 申請期間を任期の限度として行う臨時的任用(申請期間について1年を超えて行うことはできません。)

　この①又は②によって採用された職員は、任期が申請期間に満たない場合は、当該申請期間の範囲内において、その任期を更新することができ、任命権者は、その職員を、任期を定めて採用した趣旨に反しない場合に限り、その任期中、他の職に任用することができます(地公育休法6条3項、5項)。

　そして②による臨時的任用を行う場合には、臨時的任用を行うことができる場合及びその任期について定める規定(地公法22条2項、5項)及び人事委員会の権限に関する規定(地公法22条3項、4項)は適用されませんが、当該臨時的任用が正式任用に際して優先権を有せず、その身分取扱い等に地公法が適用されるとする6項及び7項は適用されます(地公育休法6条6項)。

　また、育児短時間勤務(その仕組みについては後記第4章6(4)⑥c(99ページ)参照)の承認を受けた職員の業務を処理するため必要があるときは、当該育児短時間勤務の期間(1か月以上1年以下の期間)を任期の限度として短時間勤務職員を採用することができます。この短時間勤務職員については、任期を定めて採用した趣旨に反しない場合に限り、その任期中、他の職に任用することができるとされ、条件付採用の制度の対象となり、地公法28条の5第3項(この規定の意味については後記第11章3(3)②(177ページ)参照)が適用除外され、定年年齢に達した者以外の者を採用することもできます

（地公育休法18条）。

6 女子教職員の出産に際しての休業に伴う臨時的任用

公立の学校に勤務する女子教職員が出産することとなる場合においては、出産予定日の6週間（多胎妊娠の場合にあっては、14週間とし、条例でこれらの期間より長い産前の休業の期間を定めたときは、当該期間とします。）前の日から産後8週間（条例でこれより長い産後の休業の期間を定めたときは、当該期間）を経過する日までの期間又は当該女子教職員が産前の休業を始める日から、当該出産予定日から起算して14週間（多胎妊娠の場合にあっては、22週間とし、条例でこれらの期間より長い産前産後の休業の期間を定めたときは、当該期間とします。）を経過する日までの期間のいずれかの期間を任用の期間として、当該学校の教職員の職務を補助させるため、校長以外の教職員を臨時的に任用するものとされています（補助教職員確保法3条1項）。

この場合には、臨時的任用に関する地公法22条の規定のうち、臨時的任用を行うことができる場合及びその任期について定める2項及び5項並びに人事委員会の権限に関する3項及び4項は適用されませんが、当該臨時的任用が正式任用に際して優先権を有せず、その身分取扱いなどに地公法が適用されるとする6項及び7項が適用されます。

なお、女子教職員の出産に際しその勤務する学校の教職員の職務を補助させることができるような特別の教職員がある場合において、当該教職員に、前記の期間、その学校の教職員の職務を補助させることとするときは、その臨時的任用を行うことを要しないとされています（補助教職員確保法3条2項）。

7 大学の教員の任期付採用

大学の教員等の任期に関する法律は、公立の大学の学長は、教授、准教授、助教、講師及び助手（これらをあわせて「教員」といいます。）について任期を定めた任用を行う必要があると認めるときは、教員の任期に関する規則を定めなければならず（同法3条）、任命権者は、その規則が定められている大学において教員を任用する場合において、次のいずれかに該当するときは、

任期を定めた任用をすることができるとした上で（同法4条）、教員には任期付職員採用法を適用しないとしています（同法8条）。

① 先端的、学際的又は総合的な教育研究であることその他の当該教育研究組織で行われる教育研究の分野又は方法の特性に鑑み、多様な人材の確保が特に求められる教育研究組織の職に就けるとき
② 助教の職に就けるとき
③ 大学が定め又は参画する特定の計画に基づき期間を定めて教育研究を行う職に就けるとき

4　採用の手続き

(1) 任命権者、人事委員会、公平委員会

　採用というのは「職員以外の者を職員の職に任命すること」ですが、職員以外の者を職員の職に任命する方法の一つである臨時的任用（地公法22条2項（平成32年（2020年）4月1日以降は22条の3）、補助教員確保法3条）は採用の定義から除外されており（地公法15条1項1号）、これには地公法が定める採用に関する規定は適用されません。

　なお、任命という語と任用という語は、地公法の中に混在しますが、任用というのは、一般的に、ある者を特定の職に就けることを意味し（地公法15条参照）、任命というのは任用のためにする個々の発令を意味します。そして、任命の種類として採用、昇任、降任及び転任があります（地公法15条の2第1項1号～4号）。

　ところで、採用に当たっては、任命権者並びに人事委員会及び公平委員会が大きな役割を担うので、便宜のため、採用の手続きを説明する前に、これらについての説明をしておきます。

　任命権者というのは、任命をする権限を有する機関のことです。任命権者は、職員の任命のほかにも、人事評価、休職、免職、懲戒などの人事上の権限を有しており、具体的には、長の補助機関である職員についての長（自治法172条2項）、県費負担教職員（市町村立学校給与負担法1条、2条）についての都道府県教育委員会（地教行法37条）、警察官その他の職員についての警視総監及び警察本部長（警察法55条3項）、消防職員についての消防長（消

防組織法15条1項)、企業職員についての管理者(地公企法15条1項)、議会の事務局の職員についての議長(自治法138条5項)などがあります。

　公平委員会は、勤務条件に関する措置要求(地公法46条)に係る事務、職員に対する不利益処分についての審査請求(地公法49条)に係る事務、その他の職員の苦情処理に関する事務を主として処理する機関であり(地公法8条2項)、人事委員会は、これらの事務に加えて、人事行政に関する調査、研究をし、給与、勤務時間その他の勤務条件に関する勧告を行い、競争試験及び選考とこれらに関する事務などを行う機関です(地公法8条1項)。

　公平委員会及び人事委員会とも、任期を4年とする3人の委員で構成される合議体です(地公法9条の2)が、その果たすべき機能には差があること(地公法8条)から、現在、人事委員会が置かれているのは都道府県及び政令指定都市(自治法252条の19)のほかは、中核市(自治法252条の22)である和歌山市及び特別区(自治法281条1項)だけで、これら以外の市町村や組合は公平委員会を設置しています(地公法7条参照)。

　ただ、公平委員会については、条例で定めることによって、「職員の競争試験及び選考並びにこれらに関する事務」を行うことができ、この事務を行う公平委員会は「競争試験等を行う公平委員会」と称されます(地公法9条1項、2項)。

(2) 採用の方法

　人事委員会又は競争試験等を行う公平委員会を置く自治体における職員の採用は競争試験によることが原則であり(この競争試験を「採用試験」といいます。)、これらの委員会がその規則で定めた場合に限って選考によることができ、これらの委員会を置かない自治体(比較的規模の小さい自治体を意味します。)においては、競争試験又は選考のいずれかの方法によるものとされています(後記②(29ページ)参照)。

　そして、採用試験又は採用のための選考は、人事委員会もしくは競争試験等を行う公平委員会又は任命権者(これらの委員会を置かない自治体に限ります(地公法17条の2第3項参照)。)が行いますが、場合によっては、他の自治体の機関と共同で行ったり、国や他の自治体の機関に委託することもできま

す（地公法18条）。

　なお、大学の学長、部局長及び教員、大学以外の公立学校の校長及び教員並びに専門的教育職員の採用は、この原則によることなく、全て選考によるものとされ、学長の選考は評議会が、部局長及び教員の選考は学長が（学部長については教授会の議を、教員については教授会を、それぞれ経ることが必要です。）行い（教特法3条）、大学附属の学校の校長及び教員の選考は当該大学の学長が、それ以外の公立学校の校長及び教員並びに専門的教育職員の選考はその設立自治体の教育委員会の教育長（幼保連携型認定こども園にあっては当該自治体の長）が行うことになっています（教特法11条、15条）。

1 採用試験による採用

　地公法15条は、任用の根本基準として、「職員の任用は、この法律の定めるところにより、受験成績、人事評価その他の能力の実証に基づいて行わなければならない。」と定めています。これは、任用における成績主義又は能力実証主義を明らかにするものであって、人材の確保と人事行政における公正の確保のための基本であり、まず職員の採用において実現されなければならず、そのために実施されるのが採用試験ということになります。

　採用試験は、受験者が、当該採用試験によって職員を採用しようとする職の職務を遂行する上で発揮することが求められる能力（「標準職務遂行能力」といいます。）及びその職についての適性を有するかどうかを正確に判定することを目的として行われます（地公法20条）。

　標準職務遂行能力は、職制上の段階及び職務の種類に応じて任命権者が定めるものであり（地公法15条の2第1項5号、2項）、一般行政職（事務職）の係員については、業務に必要な知識・技術を習得することができること、上司・同僚等と円滑かつ適切なコミュニケーションをとることができること及び意欲的に業務に取り組むことができることなどが定められているのが通例です（後記第4章4(4)1（70ページ）参照）。

　また、その職についての適性というのは、分限処分の理由における「その職に必要な適格性」（地公法28条1項3号）と同じであり、素質、能力、性格などを意味します。

採用試験は、人事委員会もしくは競争試験等を行う公平委員会又は任命権者が定める方法で行い（地公法20条2項）、具体的な方法は募集要項などによって明らかにされます。そして、当該採用試験を実施する者が定める受験の資格（これも募集要項などに明記されます。）を有する全ての国民に対して平等の条件（このことについては前記2（2）（6ページ）参照）で公開されなければなりません（地公法18条の2）。

　この受験の資格は、職務の遂行上必要であって、最少かつ適当な限度の客観的かつ画一的な要件でなければならないとされますが（地公法19条）、これは、平等取扱いの原則（地公法13条）を採用試験について具体化したものです。

　さらに、採用試験については、競争試験を行う人事委員会、公平委員会又は任命権者の組織に属する者だけでなく、これらに属しない職員も、受験を阻害し、又は受験に不当な影響を与える目的をもって特別もしくは秘密の情報を提供してはならないとされ（地公法18条の3）、これに違反して受験を阻害し、又は情報を提供した者は3年以上の懲役又は100万円以下の罰金に処せられることになっています（地公法61条3号）。

　採用試験を実施した人事委員会又は競争試験等を行う公平委員会は、試験ごとに合格点以上を得た者の氏名及び得点を記載した採用候補者名簿を作成し、任命権者はその名簿に記載された者の中から採用することになります（地公法21条1項から3項）。

　採用試験が任命権者によって実施される場合は、名簿を作成するまでもなく、その採用試験に合格した者の中から採用するのは当然です。なお、採用試験の得点は、それによって合否が判定されるものの、採用の優先順位を決定するものではありません。

2 選考による採用

　選考は、人事委員会又は競争試験等を行う公平委員会が規則で定めた場合、又はこれらの委員会を置かない自治体の任命権者が行うものです（地公法17条の2）。

　そしてその目的は、当該選考によって職員を採用しようとする職の職務を

遂行する上で発揮することが求められる能力（「標準職務遂行能力」のことです。）及びその職についての適性を有するかどうかを正確に判定することであり（地公法21条の2第1項）、競争試験のそれと同じです。

　ただ、採用試験については、あらかじめその方法を定め（地公法20条2項参照）、職務の遂行上必要であって、最少かつ適当な限度の客観的かつ画一的な要件を満足する者全てに受験の機会を与えなければならない（地公法18条の2、19条）のに対して、選考についてはそのような制限はありません。したがって、選考は採用予定者や応募見込みが少ない場合に行うのに適した方法であるということができます（いわば、競争試験は一般競争入札であり、選考は指名競争入札又は随意契約であるということになります。）。任命権者は、選考に合格した者の中から職員を採用するのですが、それは当然のことです。

　なお、人事委員会もしくは競争試験等を行う公平委員会又は任命権者は、その定める職員の職について採用試験による採用候補者名簿がなく、かつ、人事行政の運営上必要であると認める場合においては、その職の採用試験又は選考に相当する国又は他の自治体の採用試験又は選考に合格した者を、その職の選考に合格した者とみなすことができるとされ（地公法21条の2第3項）、これは、国と自治体の間、自治体相互間における職員の割愛などに利用されています。

　ところで、特定任期付職員及び一般任期付職員並びに任期付研究員の採用のための選考は任命権者が行い（任期付職員採用法3条1項・2項、任期付研究員採用法3条1項）、その採用については人事委員会又は競争試験等を行う公平委員会の承認が必要とされていますが、特定任期付職員及び一般任期付職員並びに任期付研究員以外の任期付職員の採用について選考を行わなければならないとする定めはありません。

　しかし、職員を採用するに際して、採用しようとする者の能力や適正を考慮しないなどということはあり得ませんので、それを選考として行うか否かは言葉の問題にすぎず、選考についての定めがない職へ採用しようとする者の能力や適正の有無は、任命権者が行う採用手続きの中で判定されることになります。

(3) 採用内定とその取消し

職員として採用されるまでの通常の手順は、

　　募集→応募→採用試験又は選考→合格
　　　→任命権者による採用の決定→採用の発令

となっています。採用試験又は選考の後に任命権者（前記(1)(26ページ)参照）による採用の決定が必要なのは、採用試験又は選考を行う権限と採用する権限が分かれていること（前記(2)(27ページ)参照）によるものです。そして、任命権者による採用の決定と採用の発令の間には時間的な隔たりがあるのが普通であり、任命権者は採用を決定した段階で内定の通知を発し、採用される意思があることを確認する書面の提出を求めるのが通例です。

ところで、雇用契約は、就職を希望する者が使用者となるべき者に対し雇用の申込みをし、使用者となるべき者がそれを承諾することによって成立するとするのが民法522条であり（なお、民法623条参照）、この規定が適用される場合にあっては、社員の募集に対する応募は労働契約の申込みであり、採用する旨の通知はその申込みに対する承諾となります。

この申込みと承諾があった場合は、労働契約の効力発生の始期を採用通知に示された採用の日とする、解約権を留保した労働契約（最高裁昭和55年5月30日判決・判例時報968号114頁）又は（大学卒業予定者に対する内定通知の場合は）就労の始期を大学卒業直後とする解約権留保付労働契約（最高裁昭和54年7月20日判決・判例時報938号3頁）が成立したものとされ、正当な理由なく、その契約を解除することはできないとされています。

ところで、公務員の勤務関係については、契約という概念はなく（前記(1)(26ページ)参照）、その任用は、法律によって任命権を付与された者（自治法172条2項による長、自治法138条5項による議長、地教行法18条7項による教育委員会など）が法律に基づいて行うもの（「行政処分」又は単に「処分」と称されます。）です。したがって、その効果は法律に基づいて生ずるはずですが、地公法などの法律が定める職員の採用に関する手続きには、採用の内定及び採用されることの確認に関する事項は含まれていません。

このことは、採用予定者に内定した旨を通知したり、相手方の意思を確認することは、発令手続きを円滑に進めるための便宜上の措置であって、それ

に法律的な効果を認めることはできないことを意味します（最高裁昭和57年5月27日判決（判例時報1046号23頁）参照）。すなわち、ある自治体の採用試験又は選考に合格した者は当該自治体の職員になる義務を負うわけではなく、当該自治体も当該合格者を採用する義務を負うわけでもないので、採用内定の通知がなされた後においても、採用の発令がなされるまでは、当該自治体において採用内定を取り消すことができますし、その相手方は採用を拒否（辞退）することもできます。

例えば、指定された日までに、一定の書類を提出したり、健康診断を受けること（安衛法66条1項、安衛規則43条参照）などの指示がなされたときは、その指示に従うことが採用の条件と解されますし、任命権者が採用の決定（内定）をしたときまでに判明していなかった事情で、採用のときまでに明らかになった事情に基づいて内定を取り消すこともできると考えられています。

なお、前掲の公務員の採用内定についての昭和57年の判例は内定取消しが違法ではないとするものですが、その取消しが信義則に反し、相手方の信頼を不当に侵害するような場合には、その具体的な事情によって、損害賠償の責任（国賠法1条1項）を負うことはあり得ます。

5　派遣労働者の雇用申込みへの対応

地公法の制定当時には全く想定されなかった勤務の形態として、労働者派遣制度による派遣労働があります。これは、昭和60年に制定され、翌年から施行された派遣法によるものであり、派遣会社（「派遣元」といいます。）が、自己の雇用する労働者（「派遣労働者」といいます。）を他者に派遣して、当該他者（「派遣先」といいます。）の業務に従事させ、その対価を得るものです（この契約を「労働者派遣契約」といいます。）。

この結果、派遣労働者と派遣元との間には労働契約（雇用）が締結され、賃金、勤務時間、休日等の労働条件はその契約で定められますが、派遣労働者と派遣先との間には契約関係がなく、派遣元は派遣先に派遣労働者に対する指揮命令を行う権限を委ね（これは「労働力の賃貸借」と理解されます。）、

派遣労働者はそのことを承認したことによって、派遣先の指揮命令に従う義務を負うことになると説明されています。

　自治体が派遣先として労働者派遣制度を利用できるかということについての検討の経過は明らかではありませんが、現在は、この制度を利用している自治体も少なくないようです。ただ、これまで縷々述べた公務員の性質、職員の任期、採用の手続き、職員になる資格などを考えますと、派遣社員に自治体の業務を行わせることの妥当性は極めて疑問です。

　派遣先としての自治体の機関が派遣可能期間（原則として３年です。派遣法40条の２第１項、第２項）を超えて労働者派遣の役務の提供を受けるなど、派遣法に違反する行為をした場合において、その違反行為が終了した日から１年を経過する日までの間に、派遣労働者が、当該自治体において当該労働者派遣に係る業務と同一の業務に従事することを求めるときは、当該自治体は、民間における場合に派遣元が労働契約の申込みをしたものと見なすとされている趣旨を踏まえ、当該派遣労働者の雇用の安定を図る観点から、地公法その他関係法令の規定に基づく採用その他の適切な措置を講じなければなりません（派遣法40条の７）。

第2章 就職したらどうなる

1　自治体と職員の関係

　「職員以外の者を職員の職に任命すること」を採用といい、任命を行う権限を有する機関を任命権者といいます（前記第1章4（1）（26ページ）参照）。
　自治体は法人であり（自治法2条1項）、その事務は執行機関によって管理、執行されます（自治法138条の2）。任命権者というのは、任命権の行使という事務を管理、執行する執行機関（自治法は執行機関の定義に議長及び地方公営企業の管理者を含めていません（138条の4第1項）が、いずれも職員の任免権を有するので、その限りにおいては、執行機関であるとして差し支えありません。）を意味し、その行使によって発生する権利及び義務は、当該執行機関が所属する法人たる自治体に帰属することになります（機関は権利義務の帰属主体になることができません。民法34条参照）。
　このことは、任命権者が行った採用による法律効果は、当該任命権者が所属する自治体と当該採用の対象となった者（職員）との間に成立することを意味し、職員は自治体に対して勤務を提供する（雇用について定める民法623条は「労働に従事する」と表現しています。）義務を負い（地公法30条）、自治体は職員に対してその対価を支払う義務を負う（自治法203条の2、204条）ことを意味します。
　この結果、職員が勤務を提供する相手方は、当該採用をした任命権者が誰であるかに関係なく、当該自治体そのものとなり、各任命権者は、自分が所掌する執行機関の組織における職員の職（「職」の意味については前記第1章3（1）（8ページ）参照）に欠員を生じた場合においては、他の執行機関の組織に勤務する職員（職員からみたこの組織を「所属」ということがあります。）であっても、昇任、降任又は転任のいずれかの方法により、その欠員となっ

ている職に充てる（任命する）ことができます（地公法17条1項）。

この場合には任命権者が交代することになりますが、その際には、従前の任命権者が新しい任命権者の属する執行機関の組織への出向を命じ、当該新しい任命権者が新しい職へ任命することになります。したがって、この出向を命ずるという発令は、任命権者が代わることを通知するだけのことであり、当該自治体との間の法律関係に影響を与えるものではありません。

なお、職員の職の欠員を採用によって補充する場合には、欠員を生じている執行機関の組織に所掌する任命権者が直接採用するのが普通ですが、採用は長が一括して行い、その後、必要な組織へ出向を命じ、そこの任命権者が具体的な発令を行うということもあります。これは、職員の勤務関係が当該自治体との間に成立することからなされるものであり、規模の大きくない自治体にとっては有効な方法だと考えられます。

2　服務の宣誓

「職員は、条例の定めるところにより、服務の宣誓をしなければならない」（地公法31条）とされます。これは、職員が職務を遂行するに際しての心構えを宣言するものであり、通常、採用の辞令の交付を受けた直後に行われます。

職員の服務については、地公法3章6節（30条から38条）に詳細な規定があり、職員がそれを遵守すべきことは法律上の義務ですが、服務の宣誓は、個々の職員が自らそれらを確認することに意味があり、条例においては、宣誓の文言とともに、職員となった者は、宣誓が済むまで、その職務を行ってはならないとされているのが通例です。宣誓の文言は、自治体ごと、職種ごとに異なりますが、おおむね次のようになっています。

〈企業職員、教職員、警察職員及び消防職員を除く職員〉

　私は、ここに、主権が国民に存することを認める日本国憲法を尊重し、かつ、擁護することを固く誓います。

　私は、地方自治の本旨を体するとともに公務を民主的かつ能率的に運営すべき責務を深く自覚し、全体の奉仕者として、誠実且つ公正に職務を執行することを固く誓います。

〈企業職員〉

　私は、ここに、主権が国民に存することを認める日本国憲法を尊重し、かつ、擁護することを固く誓います。

　私は、地方自治の本旨を体するとともに、地方公営企業を民主的かつ能率的に運営すべき責務を深く自覚し、公共の福祉を増進することを念とし、全体の奉仕者として、誠実かつ公正に職務を執行することを固く誓います。

〈教職員〉

　私は、ここに、主権が国民に存することを認める日本国憲法を尊重し、かつ、擁護することを固く誓います。

　私は、地方自治及び教育の本旨を体するとともに公務を民主的かつ能率的に運営すべき責務を深く自覚し、全体の奉仕者として、誠実かつ公正に職務を執行することを固く誓います。

〈警察職員〉

　私は、日本国憲法及び法律を忠実に擁護し、命令及び条例を遵守し、地方自治の本旨を体し、警察職務に優先してその規律に従うべきことを要求する団体又は組織に加入せず、何ものにもとらわれず、何ものをも恐れず、何ものをも憎まず、良心のみに従い、不偏不党かつ公正中正に警察職務の遂行に当たることを固く誓います。

〈消防職員〉

　私は、日本国憲法並びに法律を尊重し、命令、条例、規則及び規程を忠実に擁護し、消防の目的及び任務を深く自覚し、その規約が消防職務に優先して従うべきことを要求する団体又は組織に加入せず、全体の奉仕者として誠実かつ公正に消防職務の遂行に当たることを固く誓います。

3　条件付採用期間

　職員の採用は、全て条件付きのものとし、当該職員（「条件付採用期間中の職員」と称されます。）がその職において6か月を勤務し、その間その職務を

良好な成績で遂行したときに正式採用になります（地公法22条1項前段）。

条件付採用の期間は、人事委員会もしくは競争試験等を行う公平委員会又はこれらの委員会を置かない自治体の任命権者は、それぞれの委員会の規則又は当該自治体の規則で定めるところにより、1年に至るまで延長することができますが（地公法22条1項後段）、公立の小学校等の教諭等の条件付採用の期間は最初から1年であり、その期間の延長はありません（教特法12条1項）。

なお、地方公務員法及び地方自治法の一部を改正する法律（平成29年5月17日法律29号）による改正によって、地公法22条は条件付採用についてのみ定める条文とされ（臨時的任用が地公法22条の2で定められることになったことについては前記第1章3（4）②b（18ページ）で述べました。）、そこでは非常勤職員についても条件付採用期間の制度を適用するとされることになるとともに、会計年度任用職員の条件付採用期間は、1月とされ（地公法22条の2第7項。この期間は、週間又は月間の勤務日数や時間とは関係なく、1年に至るまで延長することができることは通常の採用の場合と同じです。）、平成32年（2020年）4月1日から適用されることとなっています。

また、臨時的任用はそもそも採用に該当しない（地公法15条の2第1項1号かっこ書）ので、上記の改正の前後を通じて条件付採用について定める地公法22条は適用されません。

条件付採用期間中の職員及びこれに対する処分については、正式採用となった職員に適用される降任、免職、休職及び降給の事由を制限した地公法27条2項並びに28条1項及び2項の規定、不利益な処分についての説明書の交付を定めた地公法49条1項及び2項の規定並びに処分に対する審査請求の手続きなどを定める行服法の規定を適用しないで（地公法29条の2第1項1号）、分限については条例で必要な事項を定めることができるとされています（地公法29条の2第2項）。

この趣旨は、採用試験だけで職務を遂行する能力を完全に実証することはでき難いことから、いったん採用された職員の中に適格性を欠く者があるときは、その排除を容易にし、もって職員の採用を能力の実証に基づいて行うとの成績主義の原則を貫徹しようとすることにあると解されていますが、条

件付採用期間中の職員に対する分限処分について条例で必要な事項が定められているときは、それに従うべきことは当然のことです（条件付任用期間について定める国公法59条についての最高裁昭和49年12月17日判決（判例時報768号103頁）参照）。

　なお、民間における雇用契約においても試用期間が定められることがありますが、その場合には「客観的に合理的な理由があり社会通念上相当として是認される場合に許されるものであって、通常の雇用契約における解雇の場合よりも広い範囲における解雇の事由が認められてしかるべきである。」とされています（最高裁平成2年6月5日判決・判例時報1355号148頁）。

　ところで、採用試験及び採用のための選考は、受験者が、当該採用試験又は選考「に係る職の属する職制上の段階の標準的な職に係る標準職務遂行能力及び当該採用試験に係る職についての適性を有するかどうかを正確に判定することをもつてその目的とする。」（地公法20条1項、21条の第1項）ものですが、現実の問題として、採用試験や選考だけで標準職務遂行能力や適性を正確に判定することは極めて難しいです。

　条件付採用期間は、実務を通じて、これを判定するためのものですから、正式採用になるための条件である「その職務を良好な成績で遂行した」かどうかは、主として標準職務遂行能力（その意味については、後記第4章4（4）①（70ページ）参照）や適性の観点から判断されることになります。標準職務遂行能力は任命権者が定めることとされていますが（地公法15条の2第1項5号）、それを定めるための参考として、一般行政職に属する係員に係る標準職務遂行能力の例として、

① 　業務に必要な知識・技術を習得することができること
② 　上司・同僚等と円滑かつ適切なコミュニケーションをとることができること
③ 　意欲的に業務に取り組むことができること

が示されています（平成26年8月15日付け総務省自治行政局長通知）。

　この例に示されている能力は、特別の資格や能力を必要としない職務に共通する常識的なものであり、一般的に妥当なものであると考えられるので、任命権者が標準職務遂行能力を定めていない場合においてはこれを参考にし

て判断することが適当と思われます。

　また、条件付採用期間中の職員についても人事評価がなされる（地公法23条の2）ので、その結果が正式任用とするか否かの判断に重要な意味をもつことになります。ただ、条件付採用期間は新人職員に対する教育や研修の期間でもあるので、この期間中は適切な指導・教育をすることが特に重要であり、それを怠っていながら、勤務成績が良好でないと判断するのは不適当と考えられます。

4　兼業（副業）の制限

　職員になると、任命権者の許可を得ないで、商業、工業又は金融業その他営利を目的とする私企業を営むことを目的とする会社その他の団体の役員を兼ね、もしくは自ら営利企業を営み、又は報酬を得ていかなる事業もしくは事務にも従事してはならないこととされており（地公法38条）、このことは「営利企業への従事等の制限」と称されます。

　ここで、商業、工業又は金融業その他営利を目的とする私企業は「営利企業」と称され、それを営むことを目的とする会社その他の団体には、会社法に基づいて設立される株式会社、合名会社、合資会社及び合同会社並びに会社整備法の適用を受ける特例有限会社はもちろん、営利、すなわち利益をあげることを意図して設立された団体（法人である必要はありません。）は全てこれに含まれます。

　このような団体の役員というのは、株式会社における取締役、会計参与及び監査役（会社法329条）、その他の団体における理事、監事、代表などを意味しますが、これらの地位に該当しない場合にあっても、人事委員会規則（人事委員会を置かない地方公共団体においては、地方公共団体の規則）で許可の対象となる地位（例えば、会社における執行役員）を定めた場合は、それを兼ねるときは任命権者の許可が必要となります。

　また、会社その他の団体を組織することなく、個人として営利企業を営んだり、他人が営む事業もしくは事務に従事して報酬を得る場合は、常に任命権者の許可が必要となります。

　この許可が必要であるか否かが問題になるケースの主なものとして、次の

ような場合がありますが、いずれも許可が必要であると考えられます。
　①　家族が経営する営利企業の役員に就任すること
　②　農林業等のいわゆる一次産業に従事すること（産品を販売して、収入を得ることを目的とする場合に限りますが、現実の収入が経費を上回ることは必要ありません。）
　③　不動産の賃貸（商法502条参照）
　④　いわゆるアルバイト

　営利企業への従事等の制限は、全力を挙げて職務に専念する義務（地公法30条）や職の信用を傷つけたり、職員全体の不名誉となることをしない義務（地公法33条）などを考慮したものですので、これらの義務に違反するおそれがない場合には、許可がなされるのが普通です。

　なお、非常勤職員については、常時勤務することを要しないのであり、他に収入の途を求めることを制限するのは適当でないとの考えから、この制限の適用は排除されていますが（地方公務員法及び地方自治法の一部を改正する法律（平成29年5月17日法律29号）による改正であり、平成32年（2020年）4月1日から適用されます。）、定年退職者などが就く短時間勤務の職を占める職員（後記第11章3（3）②（177ページ）参照）及び会計年度フルタイム職員（前記第1章3（4）②a（16ページ）参照）は、そのような考慮の必要がないとして、この適用除外の対象とされていません。

　また、教育公務員については、この許可の特例として、教育に関する他の職を兼ね、又は教育に関する他の事業もしくは事務に従事することが本務の遂行に支障がないと任命権者（県費負担職員については、市町村又は特別区の教育委員会）において認める場合には、給与を受け、又は受けないで、その職を兼ね、又はその事業もしくは事務に従事することができるとされています（教特法17条）。

　なお、営利企業などに従事する許可を得た場合であっても、そのことによって職務に専念する義務が免除されるものではないことは当然ですから、職務に従事すべき時間中に当該許可に係る事務、事業を行うときは、年次休暇をとるなど、そのための手続きが必要です。

第3章 職場のしきたり

1 仕事をする義務

(1) 根本基準

　地公法は、30条で、服務の根本基準として「すべて職員は、全体の奉仕者として公共の利益のために勤務し、且つ、職務の遂行に当つては、全力を挙げてこれに専念しなければならない。」と定め、35条で、職務専念義務として「職員は、法律又は条例に特別の定がある場合を除く外、その勤務時間及び職務上の注意力のすべてをその職責遂行のために用い、当該地方公共団体がなすべき責を有する職務にのみ従事しなければならない。」と定めています。

　服務の根本基準は、「すべて公務員は、全体の奉仕者であって、一部の奉仕者ではない。」という憲法15条2項が定める公務員の責務を職員の義務として具体化したものであり、職務専念義務は具体的な勤務に際しての職員の基本的な義務を明らかにしたものです。

　また、地公法32条は、法令等及び上司の職務上の命令に従う義務として、「職員は、その職務を遂行するに当つて、法令、条例、地方公共団体の規則及び地方公共団体の機関の定める規程に従い、且つ、上司の職務上の命令に忠実に従わなければならない。」と定めています。職員には、その職務の内容や職責の違いなどから、地公法の特例を定めた法律が適用になることがありますが、上記の服務の根本基準、法令等及び上司の職務上の命令に従う義務についての特例を定めた法律はありません。

　民間の労働者の場合も、就業規則（労契法7条）において、勤務時間及び職務上の注意力の全てをその職務を遂行するために用いなければならないことや業務命令に従わなくてはならないとされているのが普通ですが、それは、

労働者が使用者に対して労働に従事することを約束した結果であり、両当事者の意思の合致（契約）によるものです（前記第1章4（3）（31ページ）参照）。

具体的な権利義務の内容が当事者の意思によって決まるのであれば、それは個別の労働者毎によって異なることも、その内容を変更することも当事者次第ですが（労契法8条）、それが法律によって定められているのであれば、当事者である労使の交渉や合意によって別異の取扱いをすることはできません。

このように、当事者間の権利義務が当事者の意思に基づいて決定されるのではなく、法律の規定から直接、又は法律が定めた手続きによって決定されるものを公法関係といい、当事者の意思によるものを私法関係といいます。判例などにおいて、「公法関係であるから……」という表現がなされることがありますが、これは当事者の意思によってその法律関係を左右することができないことを意味しています。

（2）法令等及び上司の職務上の命令に従う義務

職員は、その職務を遂行するに当たって、法令、条例、地方公共団体の規則及び地方公共団体の機関の定める規程に従わなければならないという場合の地方公共団体の規則というのは長が定める規則（自治法15条）を意味し、地方公共団体の機関の定める規程というのは、執行機関である委員会など（自治法180条の5第1項～第3項）が定める規程（自治法194条、地教行法15条など。企業管理規程（地公企法10条）を含みます。）を意味します。これらは、法令、条例とともに、職員が行う職務について、その権限、手続きなどの根拠及び内容を定めるものですので、これらを遵守しなければならないというのは、法治主義の原則によるものです。

なお、現実には、法律又は条例に基づかないで、要綱とか要領という名称によって、事務処理の基準が定められることが少なくありません。これらは、法律や条例が長や委員会などに裁量権を与えている場合に、その事務処理の統一性を保ち、迅速性を確保するためのものであり、それ自体が対外的に法律的な拘束力を有するものではありませんが、上司の職務命令として、職員を拘束します。また、場合によっては、これらに反する事務処理が行政の平

等・公平原則に違反すると評価されることもあります。

　行政組織が組織体としてその目標達成のために効率的に機能し得るためには、ピラミッド型の組織と、指揮命令系統の一元化が必須であり、その指揮命令の法律的な表現が職務上の命令となります（後記2（46ページ）参照）。職務上の命令は、簡単に職務命令と証されるのが通常ですが、これについては、それを発することのできる上司の範囲などの有効要件について若干の問題があります。

　まず、職務命令を発することができる上司とは、職務の遂行について当該職員を指揮監督する権限を有する者を意味し、それは当該職員の任用、分限、懲戒などの身分取扱いに関して権限を有する者と一致するのが原則ですが、次のような場合には、職務命令を発することができる上司と身分取扱いに関する権限を有する者が異なることになります。

① 長部局の職員が他の執行機関の事務に従事することを命じられた場合（自治法180条の3）は、職務命令の権限は当該執行機関にありますが、身分取扱いに関しては長が権限を有します。

② 他の自治体に派遣された職員は、当該他の自治体における上司の命令に従って職務に従事しますが、身分取扱いについては、原則として派遣をした自治体の職員に関する法令の規定が適用され（自治法252条の17第2項・4項、自治令174条の25第3項）、その場合は、身分取扱いに関しては派遣をした自治体の上司が権限を有することになります。

③ 県費負担教職員に対する職務命令の権限は当該職員の属する市町村の教育委員会にありますが（地教行法43条2項）、身分取扱いに関する権限は当該都道府県の教育委員会にあります（地教行法25条2項4号、37条）。

　次に、職務命令の内容については、それが、当該上司の職務権限内の事項でなければならないのは当然のことです。すなわち、上司は、組織上自己に与えられた範囲内の事項に関してのみ、部下に対して命令を発することができます。したがって、たとえ執行機関の長であっても、条例、規則で定められた部や課などの所掌事務を無視して、当該職員の所属する以外の部や課などの所掌を処理することを命ずることはできず、逆に自己の所掌事務の範囲

内であれば、命令によって、職員に新しい職務を執行させることも可能となります（係員の係への配属が所属長の権限である場合は、ある係員に現に担当していない係の事務を命ずることは新しい係への（兼務としての）配属を命じたと解され、有効な職務命令となります。）。

さらに、職務命令は、不可能なことを命ずる内容であってはいけません。すなわち、法律上不可能なことや違法なこと、あるいは事実上実行できないことを命ずるものであってはならないのです。

そこで、上司から職務命令が発せられたとき、部下はいかなる場合にもこれに従わなければならないのか、どこまで独自の判断で審査できるかが問題となります。一般的には、上司の命令も一種の行政処分とみて、当該命令に重大かつ明白な瑕疵がある場合は、それは無効であるので従う必要はありませんが、それ以外の場合は、従う義務があるとされています（最高裁平成15年1月27日判決・判例時報1813号64頁）。

しかし、行政処分であっても、重大な瑕疵があれば、たとえ明白でなくても、無効とすべきだという説もあり、実際には、上司と部下との間で十分な意見交換をした上で判断することが必要です。いずれにしても、職務命令の有効、無効を自分で判断した職員は、その判断した結果についての責任を回避することはできません（その判断が間違っていた場合は懲戒処分の対象となります。）。

なお、職務命令が、職務の遂行について、上司としての職務上の指示をするものであって、職員個人の身分や勤務条件に係る権利義務に直接影響するものでなければ、抗告訴訟の対象となる行政処分には当たりませんが、それに従わないことを理由とする懲戒などの不利益な処分を受けたときには、その処分の取消訴訟において職務命令の違法を主張することができます（最高裁平成24年2月9日判決・判例時報2152号24頁）。

（3）職務専念義務とその免除

職員は、法律又は条例に特別の定めがある場合のほかは、その勤務時間及び職務上の注意力の全てをその職責遂行のために用い、当該自治体がなすべき責を有する職務にのみ従事しなければなりません。ここで「勤務時間及び

職務上の注意力の全て」というのは、物理的及び精神的活動の全てを意味するものではなく、生理上の活動や常識的な気分転換のための活動が認められることは当然のことです。

　すなわち、トイレに行くとか適度の飲み物の摂取などが禁止されるわけではありませんが、精神活動に影響を与える可能性のある成分（アルコールなど）を含む飲料の摂取が認められないことに異論はみられないでしょう。喫煙については時代の変遷とともに、その是非が問題となっています。

　また、精神活動については、職務遂行中に雑念が浮かぶことを避けることはできないとしても、意図的に職務以外に意識を向けるような行為はこの職務専念義務に違反することになります。その代表的なものが、一定の要求を掲げたプレートを着用したり、特定の主義主張を表象するリボンやワッペンを着用する行為であり、そのような行為は「身体活動の面だけからみれば作業の遂行に特段の支障が生じなかったとしても、精神的活動の面からみれば注意力の全てが職務の遂行に向けられなかったものと解される」（最高裁昭和52年12月13日判決・判例時報871号3頁）ことになります。

　この義務があるのは、職員が勤務をする義務がある時間ですので、条例により正規の勤務時間として定められた時間及び時間外勤務を命ぜられた時間中に限って、この義務が存することになります。この意味において、休憩時間中はこの義務が生ずる余地はなく、週休日や勤務時間が割り振られていない時間についても、特に勤務を命じられない限り、この義務はないことになります。

　このように、勤務すべき時間中については職務に専念しなければいけませんが、法律又は条例で定める場合にはこの義務が免除されることがあります。これは、一般的に給与の支給の対象となっている時間であっても、職員を拘束状態から解放することが必要であったり、それが望ましいと客観的に考えられる場合について、そのケースを法律や条例で特定した上で、職務専念義務を解消したものです。

　そして、この義務が免除された場合には、職員は勤務をしないのでノーワーク・ノーペイの原則に従って給与が支給されないのが原則です。ただ、この義務が免除される理由には様々なものがあることから、その具体的な理由

に応じて、給与の支給をどうするかということが、個別の法律又は条例で定められています。

職務専念義務の例外としては、年次有給休暇、病気休暇、特別休暇、出産及び育児のための休暇や休業など、介護休暇、要介護家族などのための休暇又は時間を取得した場合、配偶者同行休業が承認された場合（詳しくは後記第4章6（4）（95ページ）参照）のほか、選挙権その他公民としての権利の行使又は証人としての裁判への出頭などに必要な時間（労基法7条）があります。

また、職員団体又は労働組合に関する特殊なものとして、適法な交渉を行う場合（地公法55条8項、労組法2条2号・7条3号）及びその役員の職務に専念する許可を受けた期間（地公法55条の2第1項、地公労法6条1項、同法附則5項）も職務専念義務が免除されることになっています（詳しくは第12章2（187ページ）参照）。

なお、休職（地公法27条2項、28条2項）又は停職（地公法29条1項）とされた期間は職務を行うことができないので、そもそも職務専念義務を問題にする余地はありません（詳しくは後記第8章2（4）(148ページ) 及び第9章2（3）(160ページ) 参照）。

ところで、「その勤務しないことにつき任命権者の承認があった場合」は職務専念義務が免除されるという条例の規定について、その承認は「処分権者がこれを全く自由に行うことができるというものではなく、職務専念義務の免除が服務の根本基準を定める地方公務員法30条や職務に専念すべき義務を定める同法35条の趣旨に違反したり、勤務しないことについての承認が給与の根本基準を定める同法24条1項の趣旨に違反する場合には、これらは違法になると解すべきである」とする判例（最高裁平成10年4月24日判決・判例時報1640号115頁）があります。

2　職制（上司と部下・職務命令）

自治体には、当該自治体の事務（自治法2条2項）を「自らの判断と責任において、誠実に管理し、執行する義務を負う」執行機関（自治法138条の2）として、長、教育委員会、選挙管理委員会、人事委員会又は公平委員会、監

査委員などが置かれますが（自治法180条の5）、これらの執行機関（企業管理者は長の補助機関として位置づけられていますが、長から独立した権限を有する（地公企法8条、9条）ので、執行機関に準じて考えられています。）には、その権限に属する事務を分担して処理する（「分掌」といいます。）ための内部組織が構成されるのが通例であり（自治法158条、地教法17条、地公企法14条など）、職員は、その組織に属して職務を遂行することになります。

　この内部組織の最も大きな単位が部（規模の大きな自治体にあっては局とすることがあります。）であり、長の事務を分掌するものは条例（自治法158条1項）で、教育委員会にあっては規則（地教法17条）で、公営企業にあっては規程（地公企法14条）で定められます。

　部の事務をさらに分掌するものとして課が、課の事務を分掌するものとして係が置かれ、それぞれの組織に所属する職員（「部下」又は「部下職員」と称されることがあります。）を指揮監督し、分掌された事務を処理する責任者として、部長、課長、係長が置かれ、係には係員が置かれるのが通例です。この執行機関（その代表的なものが長です。）－部長－課長－係長－係員という関係がラインと称され（部下を指揮監督する職は「管理職」と称され、順次、上司－部下の関係になります。）、職制上の段階（地公法15条の2第1項5号）というのは、このそれぞれの段階を意味します。

　なお、ラインに属さないで特定の事項を処理する職として、部に参事などが、課に主幹などが、係に主査などが置かれることがありますが、これらの職（名称は自治体によって様々です。）はスタッフと称され、部下をもたないのが普通です（上司は常に存在します。）。

　職員は、上司の職務上の命令に従わなければならない（地公法32条）のですが、この場合の上司というのは、通常は、上記の組織における上位者のことであり、係員は係長の、係長は課長の、課長は部長の、部長はその組織が処理する事務の帰属する執行機関の命令に従って、職務を遂行することになります。

　ただ、長が、その部下職員を他の執行機関などの事務に従事させたときは（自治法180条の3）、その事務の遂行についての上司は当該他の執行機関などにおける上司ですが、任用、分限、懲戒などの身分取扱いについての権限

は長にあり、後者の場合の長は身分上の上司と称されます。なお、県費負担教職員については、その任命権は都道府県教育委員会にありますが、服務の監督権は市町村教育委員会にあるとされており、「市町村の教育委員会その他職務上の上司の職務上の命令に忠実に従わなければならない。」（地教行法43条1項、2項）とされています。

3 行政権限と意思決定権限の配分

　長などの執行機関に国民との関係で法律関係を形成、変更、消滅させる権限を与えている法律が多数あります。地公法だけをみても、任命（17条1項）、休業の承認（26条の2～26条の6）、分限処分（28条1項、2項）、懲戒処分（29条）などがあり、法律全体では、「知事は……することができる。」とか、「市町村長は……することができる。」と定めた規定は枚挙に暇がありません。このような権限は、法律が付与したものですので、法律の根拠なくして、他の者（機関）に行使させることはできません。

　そこで、自治法153条1項は「普通地方公共団体の長は、その権限に属する事務の一部をその補助機関である職員に委任し、又はこれに臨時に代理させることができる。」として、権限の委譲を可能にしています。補助機関である職員には副知事及び副市町村長も含まれ（自治法161条）、事務が委任された場合は、その事務を自己の権限に属するものとして、自己の名前で行使することになり、長の権限はなくなります（福祉事務所長や保健所長に一定の事務を委任するケースも多くみられます。）。

　また、代理というのは、代理人がその事務を処理するという意味では委任と同じですが、その事務が代理人の権限に属することにはならず、代理人は本人である長に代わって行うことを明示して、権限を行使することになります。しかし、実務的には、この委任や代理の制度が使われることは多くなく、実定法には根拠のない専決及び代決が多くなっています。専決というのは、事務処理の適正化、効率化を図るために、特定の事務に関する執行機関の意思決定の権限（この権限を行使することを「決裁」といいます。）を補助機関である職員に委ね、それを委ねられた職員が決裁することであり、代決というのは、意思決定の権限を有する者（専決権限を有する者を含みます。）が不在

の場合に、その者に代わって決裁することをいいます。

　専決も代決も本来の権限の移動はなく、それによって決定された意思の外部に対する表示（意思表示）は長などの執行機関の名前でなされます。実定法に根拠のないこの方法が認められているのは、「公の秩序又は善良の風俗に反しない慣習は、法令の規定により認められたもの又は法令に規定されていない事項に関するものに限り、法律と同一の効力を有する。」と定める通則法3条によるものです。

第4章 知らないとソン、知っているとトク（勤務条件）

1 働く条件

　勤務条件というのは、「労働関係法規において一般の雇用関係についている「労働条件」に相当するもの、すなわち、給与及び勤務時間のような、職員が自治体に対して勤務を提供するについて存する諸条件で、職員が自己の勤務を提供し、またはその提供を継続するかどうかの決心をするにあたり一般に当然に考慮の対象となるべき利害関係事項であるものを指す」と解されています（法制意見、昭和26年4月18日法政府法意一発第20号）。

　地公法は、その24条6項、46条、55条1項で「給与、勤務時間その他の勤務条件」と表現していますが、給与、勤務時間というのは勤務条件の例示です。

　このような広範な内容を有する勤務条件をその性質別にみると、
- 職員に対する経済的給付に関するもの
- 職員が提供すべき労務の量に関するもの
- 職場秩序を含む執務環境に関するもの
- 労務の提供に付帯する便益に関するもの

に分類することができ、その具体的な内容は次のとおりです。

a. 職員に対する経済的給付に関するもの

　職員に対する経済的給付の中心は、正規の勤務時間による勤務の対価であり、非常勤職員に対しては報酬が、常勤職員に対しては給料が支給されます。また、短時間勤務職員（常勤の職と同種の職を占める職員をいいます。地公法28条の5第1項かっこ書）及び会計年度フルタイム職員には、報酬ではなく給料が支給されます（自治法203条の2第1項、204条1項）。

これらの給料が支給される職員に対しては、扶養手当、初任給調整手当、通勤手当、時間外勤務手当、期末手当、勤勉手当などの手当が支給できるとされている（自治法203条の2第4項、204条2項）ほか、実費弁償として、旅費が支給されます（自治法204条1項）。そして、報酬が支給される職員には費用弁償がなされます（自治法203条の2第3項）が、手当は支給されません。ただ、会計年度パートタイム職員には期末手当だけが支給できることになっています（自治法203条の2第4項）。なお、法律には規定がありませんが、業務の遂行に必要な事務用品、作業服などの提供も経済的給付に関する勤務条件に含めて考えることができます。

b. 職員が提供すべき勤務の量に関するもの
　職員が提供すべき勤務の量の基本は正規の勤務時間ですが、この時間に含まれないものに、時間外勤務や休日勤務、宿直・日直勤務などがあります。また、本来は勤務すべき時間（正規の勤務時間）ですが、政策的配慮により勤務の義務を免れることができるものとして、休日、休暇、職務専念義務の免除があります。さらに、正規の勤務時間中に置かれる休息時間、その途中に置かれる休憩時間、正規の勤務のための待機時間なども、提供すべき労務の量と関係するものです。

c. 職場秩序を含む執務環境に関するもの
　職場秩序に関するものとしては、職員の義務としての服務の内容及び分限や懲戒の基準があり、給料とも密接に関連するものとして昇任、転任、昇給の基準があります。また、これら以外の執務環境に関するものとしては、職場の安全や衛生、セクシュアル・ハラスメントなどに関することがあります。これらのうち、服務、分限及び懲戒については地公法が具体的な規定を置いていますが、それら以外についての具体的な基準や運用は各自治体が独自に定めることになります。

d. 労務の提供に付帯する便益に関するもの
　労務の提供に付帯する便益に関するものとしては、公務上の災害による損

害に対する補償、通勤途上の災害による損害に対する補償、職員及びその被扶養者の病気、負傷、出産、災害、死亡などに対する相互救済制度、職員の保健や元気回復などのための厚生制度などがあります。

　これらのうち、厚生制度以外のものについては、地公災法、地共済法、国保法、雇用保険法、国民年金法などの法律によって個別に給付の内容や条件が定められており、地方公務員に対する給与その他の給付は法律又は法律に基づく条例に基づかなければならないとされているので（自治法204条の2）、各自治体が独自に措置をする余地はありません。ただし、地公災法による補償がなされない職員（非常勤職員の多くがこれに該当します。）については、使用者による災害補償を義務づける労基法75条から88条が適用される（地公法58条3項ただし書）ので、これについては、各自治体が独自に措置しなければなりません。

2　働く条件決定の一般原則

（1）情勢適応の原則

　情勢適応の原則というのは、地公法に基づいて定められた給与、勤務時間その他の勤務条件が社会一般の情勢に適応するように、自治体が随時、適当な措置を講じなければならない（地公法14条）とする原則のことです。これは、労働協約締結権も争議権も認められておらず（地公法55条2項、37条）、職員の側からの発意による勤務条件の改善を図ることを十分に期待し難いことから、使用者である自治体自らが積極的にその適正な水準の維持を図らなければならないことを意味しています。

　この情勢適応の原則の実現を確保するため、人事委員会は、毎年少なくとも1回、給料表が適当であるか否かについて、議会と長に同時に報告することが義務づけられ、給料表に定められた給料の額を増減することが適当であると認めるときは、その具体的な改正についての勧告ができることとされています（後記4（5）①（78ページ）参照）。国の場合は、人事院が、毎年少なくとも1回、俸給表（給料表に対応するものです。）が適当であるかどうかについて、国会と内閣に同時に報告しなければならないこととされ、俸給表に定める給与を100分の5以上増減する必要が生じたときは、その報告にあわ

せて、適当な勧告をしなければならないとされており（国公法28条2項）、勧告の要件に若干の違いがあります。

また、人事委員会は、給与、勤務時間その他の勤務条件について絶えず研究を行い、その成果を自治体の議会もしくは長又は任命権者に提出することができることとされています（地公法8条1項2号）。これは、人事委員会を置くこととされている大規模な自治体においては、専門機関としての人事委員会に情勢適応の原則の実現に積極的な役割を果たすことを期待する一方、それ以外の自治体においては、効率性の観点から専門的な機関を設けることはせずに、長あるいは任命権者限りにおける調査、研究によってこの原則の実現を図るのが望ましいと考えられたことによるものです。

なお、企業職員及び単純労務職員には労働協約の締結権が認められていますが、その場合であっても、争議権はなく、予算や条例による制限もある（後記3（2）（56ページ）参照）ことから、情勢適応の原則は、その他の職員と同じように適用されますが、人事委員会の勤務条件に関する研究とその成果の長などへの報告及び勤務条件に関し講ずべき措置についての勧告の規定などは適用されないこととなっています（地公企法39条1項、地公労法17条1項・附則5項）。

なお、労基法及び安衛法は原則として職員にも適用され、均等法中の女性労働者の就業に関して配慮すべき措置に関する規定も職員に適用されるなど、勤務条件に関して地公法以外の法律の定めがある場合が少なくありません。

（2）均衡の原則

均衡の原則は、権衡の原則ともいわれ、a. 給与についてと、b. それ以外の勤務条件についての二つ場合に分けて規定されています。

a. 給与

給与に関する均衡の原則については、「職員の給与は、生計費並びに国及び他の自治体の職員の給与並びに民間事業に従事する者の給与その他の事情を考慮して決定しなければならない」（地公法24条3項）とされています。

これは、給与には生活給としての要素があることを明らかにするとともに、

それ自体に損益あるいは経営の観念が極めて乏しい行政について、民間準拠による給与決定原則を採ることを明確にすると同時に、その支払いの財源が税であり、職務の内容が公共性を有するという共通性を有する公務員相互間においても均衡のとれたものでなければならないことを明らかにするものです。一方、国家公務員については、俸給表は、生計費、民間における賃金その他人事院の決定する適当な事情を考慮して定められ、かつ、等級又は職級ごとに明確な俸給額の幅を定めていなければならないとされ（国公法64条2項）、ここでも民間準拠の考え方が示されています。

　人事院では、国における人事行政の専門機関として、全国規模で生計費や民間における給与の調査、研究が行われており、その結果を考慮して定められた国家公務員の俸給表は、自治体の立場からみたときも、生計費及び民間事業に従事する者の給与を考慮したことになるので、全ての自治体が国の給与を考慮するときは、それによって給与に関する均衡の原則が実現されるとも考えられます。ただ、個々の自治体が置かれている立場は様々であり、地域の産業や雇用の状況によって当該自治体における民間の賃金水準が異なることがあるのは当然のことであり、その異なる事情も考慮しなければなりません。

b.　給与以外の勤務条件

　給与以外の勤務条件に関する均衡の原則については、「職員の勤務時間その他職員の給与以外の勤務条件を定めるに当つては、国及び他の自治体の職員との間に権衡を失しないように適当な考慮が払われなければならない」（地公法24条4項）と定められています。これを給与についての均衡の原則と比較すると、生計費が対象にならないのは当然として、民間事業の従事者の勤務条件その他の事情を考慮することが必要とされていないことが注目されます。これは、給与の場合は、いわゆる賃金水準という言葉にみられるように、職種、勤務形態などの個別の事情をある程度捨象した上での、社会一般に受け入れられる水準というものを考えることができるのに対して、勤務時間などについては、個別具体的な職務の内容によって全く異なることがあり得ることを考慮したものと思われます。

なお、警察職員の勤務条件で条例又は人事委員会規則で定めるべき事項については、警察庁の職員についての例を基準として定めることとされています（警察法56条2項）。

　また、企業職員及び単純労務職員には、労働組合の結成と労働協約の締結が認められていることから、地公法に定める均衡の原則の適用はありませんが（地公企法39条1項、地公労法17条1項・附則5項）、企業職員については、その給与は、「その職務に必要とされる技能、職務遂行の困難の程度等の職務の内容と責任に応ずるものであり、かつ、職員の発揮した能率が十分に考慮されるものでなければならず、生計費、同一又は類似の職種の国及び自治体の職員並びに民間事業の従事者の給与、当該地方公営企業の経営の状況その他の事情を考慮して定めなければならない」という特別の規定（地公企法38条）があります。

3　働く条件の決定方法

(1) 条例

　勤務条件は、職員にとっては生活を支える経済的な基盤に直結する最大の関心事の一つです。そして自治体にとっては、優秀な人材を確保するための極めて重要な要素の一つであるとともに、財政支出において最大の比重を占める人件費に直接作用し、その結果は住民の生活にも影響を与えることになるという性質を有しています。その意味において、その決定の方法及び決定の結果については、一人の職員のみならず、自治体、ひいては住民が大きな利害関係を有することになります。

　このような観点から、職員（臨時又は非常勤の職員（前記第1章3(3)（13ページ）参照）を除きます。）の定数は条例で定めるものとされ（自治法172条3項・191条2項・200条6項、地教行法19条・31条3項、消組法11条2項など）、職員に支給される報酬、費用弁償、給料、手当、旅費の額は条例で定めなければならないとされます（自治法203条の2第5項、204条3項）。このことを前提として、地公法は、その24条5項で、「職員の給与、勤務時間その他の勤務条件は、条例で定める。」としています。これを「勤務条件条例主義」といいますが、これは、議会による財政的なコントロールという意味のほか

に、任命権者の一方的な意思によって職員の権利や利益が不当に抑圧されることを防ぐという意味があります。すなわち、勤務条件条例主義には、財政民主主義の確保と、職員の権利利益を擁護するという二つの側面があるわけです。

まず、財政民主主義の確保というのは、職員の勤務条件を実質的に保障するためには、そのための財政的裏付けが必要であり、財政的裏付けとは財政支出を約束することですから、住民の代表たる議会がその最終決定権を有しなければならないということを意味します。言い換えれば、任命権者と職員だけで勤務条件を決定することは、議会の関与なしに支出を決定することにつながる（自治法177条2項1号及び3項参照）ので、そのようなことを許さないということです。このことは、任命権者には勤務条件を決定する当事者能力がなく、職員には労働協約締結権がないということにつながります（これが職員の勤務関係が公法関係であるとされる理由の一つです。）。

次に、職員の権利利益の擁護というのは、労働協約締結権を有せず、争議権も認められない職員と任命権者との力関係を比較したときは、任命権者の方が優位にあることは明らかであり、その状態を放置しておくときは、任命権者の一方的な意思によって勤務条件が押しつけられるおそれがあるので、多様な意見を代表する議会において、客観的な立場からあるべき勤務条件を決定することが妥当だということです。その意味で、たとえその職が臨時的なものであっても、条例において給料や手当の額及び支給方法についての基本的な事項を定めることが必要であり、それを概括的に長に委ねることはできない（最高裁平成22年9月10日判決・判例時報2096号3頁）とされています。

（2）労働協約

勤務条件条例主義の根底に財政民主主義の考え方があるとすれば、その考え方を貫徹しなくても支障がない場合は、それを緩和しても差し支えがないことになります。

公営企業には、「常に企業の経済性を発揮する」ことが求められ（地公企法3条）、「その性質上当該地方公営企業の経営に伴う収入をもつて充てることが適当でない経費」及び「当該地方公営企業の性質上能率的な経営を行な

つてもなおその経営に伴う収入のみをもつて充てることが客観的に困難であると認められる経費」については税による収入をもって充てることができますが、それ以外は「当該地方公営企業の経営に伴う収入をもって充てなければならない」ことを原則とする（地公企法17条の2）ものであり、予算についても「毎事業年度における業務の予定量並びにこれに関する収入及び支出の大綱を定める」こととなっています（地公企法24条1項）。

　公営企業にはこのような特徴があることから、企業職員については、勤務条件条例主義などを定める地公法24条から26条、職員団体について定める地公法52条から56条まで、労組法の適用除外を定める58条1項は適用しないこととされています（地公企法39条1項、地公労法17条1項）。その結果、企業職員には労組法が完全に適用され、労働組合を結成し、団体交渉を行い、労働協約を締結することができることになっています（地公労法5条～7条）。ただ、「企業職員の給与は、給料及び手当とする。」（地公企法38条1項）とされ、「企業職員の給与の種類及び基準は、条例で定める。」（地公企法38条4項）とされているので、その限りでは、法律及び条例の制限が存することになります。

　実務的には、団体交渉の結果を受けて企業管理規程（地公企法10条）で具体的な勤務条件を定める場合が多いのですが、労働協約でそれを定めた場合において、労働協約が条例に抵触するときは（給与の種類及び基準は条例で定められます。地公企法38条4項）、条例が改正されるまで効力を有せず、規則その他の規程に抵触するときは、抵触しなくなるために必要な改正又は廃止のための措置をとらなければならないとされています（地公労法8条、9条）。なお、労働協約が法律に抵触するときは、自治体には法律を改廃する権限がないので、それが効力を有しないことは当然のことです。

　ところで、単純労務職員については、労組法の適用除外を定める地公法58条1項が適用されないことは企業職員についてと同じですが、職員団体について定める地公法52条から56条までは適用除外とされていません（地公労法附則5項）。この結果、単純労務職員は、職員団体と労働組合のいずれをも結成できることになり、労働組合を結成した場合は、企業職員の労働組合が労働協約を締結した場合と全く同じことになります（企業職員の勤務条

件について長の規則（自治法15条1項）で定められることが多いのも企業職員の場合と同じです。）。

（3）就業規則

　職員については、地公法58条3項が就業規則について定める労基法9章の規定は適用しないとしていますが、企業職員及び単純労務職員については同項の適用が除外されています（地公企法39条1項、地公労法17条1項・附則5項）ので、結局、これらの職員については、就業規則について定める労基法89条から92条が適用されることになります（就業規則と労働契約の関係について定める同法93条は、労契法が公務員に適用されないので、適用の余地がありません。）。

　就業規則で定めるべき事項は次のとおりとされていますが（労基法89条）、これらの中には法律で定められているものもあります。そして、それ以外の必要な事項は企業管理規程や長の規則で定められているのが普通ですが、その場合の規程や規則は就業規則としての性質を有することになります。なお、就業規則が拘束力を有するには、その内容を適用を受ける事業場の労働者に周知させる手続きが採られている必要があります（最高裁平成15年10月10日判決・判例時報1840号144頁）が、規程や規則で定められている場合には当然に周知されているものと見なされることになります（自治法16条2項〜5項参照）。

① 　始業及び終業の時刻、休憩時間、休日、休暇並びに労働者を2組以上に分けて交替に就業させる場合においては就業時転換に関する事項
② 　賃金（臨時の賃金等を除きます。）の決定、計算及び支払いの方法、賃金の締切り及び支払いの時期並びに昇給に関する事項
③ 　退職に関する事項（解雇の事由を含みます。）
④ 　退職手当の定めをする場合においては、適用される労働者の範囲、退職手当の決定、計算及び支払いの方法並びに退職手当の支払いの時期に関する事項
⑤ 　臨時の賃金等（退職手当を除きます。）及び最低賃金額の定めをする場合においては、これに関する事項

⑥　労働者に食費、作業用品その他の負担をさせる定めをする場合においては、これに関する事項

⑦　安全及び衛生に関する定めをする場合においては、これに関する事項

⑧　職業訓練に関する定めをする場合においては、これに関する事項

⑨　災害補償及び業務外の傷病扶助に関する定めをする場合においては、これに関する事項

⑩　表彰及び制裁の定めをする場合においては、その種類及び程度に関する事項

⑪　①～⑩に掲げるもののほか、当該事業場の労働者の全てに適用される定めをする場合においては、これに関する事項

（4）労使慣行

　企業職員及び単純労務職員には労使交渉によって定めることができる勤務条件があるので、その部分については私的自治の原則が妥当し、いわゆる労使慣行が成立することがあります（東京高裁平成7年6月28日判決・判例時報1545号99頁）。

　すなわち、私的自治の原則が妥当する分野（この分野における法を「私法」といい、「公法」（前記第1章1（1ページ）参照）と対比されます。）においては、当事者が承認している考え方や取扱いに法律的な拘束力を認めるのが取引の安全を図り、社会的安定を確保するために有用であり、必要なことです。このことについて、民法92条は「法令中の公の秩序に関しない規定と異なる慣習がある場合において、法律行為の当事者がその慣習による意思を有しているものと認められるときは、その慣習に従う。」と定めています。この規定によって有効と認められるもののうち、労使関係（主として勤務条件）におけるものが「労使慣行」あるいは「労働慣行」と称されるものです。

　労働条件についても、それが労使の交渉によって決めることができるものである限り、民法92条によりその効力が認められる「労使慣行」が成立することがあるのは当然です。ただし、企業職員や単純労務職員の場合に有効な労使慣行が成立するためには、自治法、地公法、地公企法、地公労法などの法律及びこれらに基づく条例、規則あるいは規程の定め（これらは公の秩

序に関する規定です。）がない事項又はこれらに反しない事項について、事実上長年にわたり、

① 同種の行為又は事実が長期間反復継続して行われており
② 当事者がこれに従うことを明示的に排斥しておらず
③ その慣行について、その内容を決定しうる権限を持つか、又は取扱いの裁量権を持つ者が、これに従うことを当然と考えている

ことが必要であるとされています（前記東京高裁平成7年6月28日判決参照）。

4　給与その他の給付

（1）非常勤の職員に対する給付

　自治体は、非常勤の職員（短時間勤務職員及び会計年度フルタイム職員を除きます。）に対し、報酬を支給しなければならず、費用の弁償をすることができ、会計年度パートタイム職員に対して期末手当を支給することができるとされています（自治法203条の2第1項、3項、4項）。

　ここでいう報酬とは、非常勤の職員（前記第1章3（4）②a（16ページ）参照）が提供した労働（勤務）に対する対価のことで（民法623条参照）、日額で定めるのが原則ですが、条例で定めることによって月額又は時間給とすることもできます（自治法203条の2第2項）。しかし、労働（勤務）の対価としての性質を有しない謝礼（報償金）はこれに該当しません。すなわち、ボランティアのように、その役務の提供が使用者の指揮命令に従ってなされるものでない場合に、何らかの金銭が支払われたとしても、それはここでいう報酬に該当しません。

　また、費用弁償というのは、従事する業務を処理するために要する費用のことであり、調査などのために出張を命じられた場合の旅費のほか、事務用品（消耗品）の調達に要した費用、事務機器の使用料などが考えられますが、現実には、必要な事務用品や事務機器は使用者である自治体が準備、提供するのが通例ですから、ここで問題になるのは旅費に限られるでしょう。

　なお、地方公務員法及び地方自治法の一部を改正する法律（平成29年5月17日法律29号）による改正により、特別職と一般職の区分が厳格になり、会計年度任用職員が制度化されたことから、任期が一会計年度以内の職員は、

1週間の勤務時間の長短に関係なく、全て非常勤の職員とされた（前記第1章2(1)(3ページ)及び3(4)②a(16ページ)参照）ことに伴って、会計年度パートタイム職員に期末手当を支給することができることになりました。これは、会計年度パートタイム職員といっても、その中には常勤の職員とあまり差異のない時間の勤務を要する者がいること（前記第1章3(4)①(15ページ)参照）を考慮したものであり、全ての会計年度パートタイム職員が期末手当の支給を受けることができることになったわけではなく、期末手当の性質（後記(2)④(66ページ)参照）からみて、その職務内容及び勤務の継続期間などを考慮して、期末手当を支給することが適当な場合に限られます（最高裁平成22年9月10日判決（判例時報2096号3頁）参照）。

　非常勤の職員に対する報酬、期末手当及び費用弁償の額並びにその支給方法は、条例で定めなければなりませんが（自治法203条の2第5項）、これは財政民主主義の観点からのもの（前記3(1)(55ページ)参照）であり、全ての職員（企業職員及び単純労務職員については前記3(2)(56ページ)参照）に共通する考え方です。地公法は、給与に関する条例においては常勤の職員について定めることを想定しているため、非常勤の職については、常勤の職員の給与の定めを調整することとしています（同法25条3項6号）。

(2) 常勤の職員に対する給付
① 給料及び手当

　常勤の職員（短時間勤務職員及び会計年度フルタイム職員を含みます。）に対しては、給料及び旅費を支給しなければならず、後述する各種の手当を支給することができます（自治法204条1項、2項）。この給料と手当をあわせて給与といいます。

　給料は、それが勤務の対価であるという意味では非常勤の職員に対する報酬と同じで、旅費は、出張を命じられた場合の経費であり、非常勤の職員に対する実費弁償と同じく、勤務に対する対価としての性質を有しません。ところで、常勤の職員の給料は、条例で定められた勤務時間（「正規の勤務時間」と称されます。この具体的な内容については後記5(81ページ)参照）による勤務の対価であり（給与法5条1項参照）、月額で定められます。この結果、正

規の勤務時間について勤務しないときは、勤務しないことの根拠が条例にある場合（後記6（87ページ）参照）や勤務しないことについて特に承認のあった場合を除いて、その勤務しない1時間について、給料の月額及びそれに対する調整手当の合計額を減額するとされている（これは「ノーワーク・ノーペイの原則」と称されます。）のが通例です（給与法15条参照）。なお、このことに関しては、短時間勤務職員の1時間当たりの給料の額をどのようにして算出するかが問題になります。

　常勤の職員に対して支給できる手当としては、扶養手当、地域手当、住居手当、初任給調整手当、通勤手当、単身赴任手当、特殊勤務手当、特地勤務手当（これに準ずる手当を含みます。）、へき地手当（これに準ずる手当を含みます。）、時間外勤務手当、宿日直手当、管理職員特別勤務手当、夜間勤務手当、休日勤務手当、管理職手当、期末手当、勤勉手当、期末特別手当、寒冷地手当、特定任期付職員業績手当、任期付研究員業績手当、義務教育等教員特別手当、定時制通信教育手当、産業教育手当、農林漁業改良普及指導手当、災害派遣手当（武力攻撃災害等派遣手当及び新型インフルエンザ等緊急事態派遣手当を含みます。）及び退職手当があります（自治法204条2項）。

　これらのうち、義務教育等教員特別手当、定時制通信教育手当、産業教育手当、農林漁業改良普及指導手当、災害派遣手当については特別の法律の根拠がありますが、それ以外の手当については、積極的な定義規定が置かれていないので、条例でその内容、支給対象者及び支給要件を定めることになります。実務的には、条例に定義規定を置かずに、給与法の定めにならって支給するのが一般的となっています。

　以下、これらの手当のうち、最も普遍的であると思われる地域手当、時間外勤務手当、期末手当、勤勉手当及び退職手当について、国の定めを中心に説明します。

2 地域手当

　平成18年度（2006年度）以前の国家公務員の給与水準は、全国平均でみた民間賃金の水準を基準として決定されていましたが、地域によってはそれが高すぎるという批判があり、それに応えて、翌年度から民間賃金の低い地

域を考慮して給与水準を決定するという方式が導入されました。地域手当というのは、この変更に伴って、民間賃金が高い地域に勤務する者の給与を調整することが必要となったことから導入されたものであり、給与法11条の3は、その1項で「地域手当は、当該地域における民間の賃金水準を基礎とし、当該地域における物価等を考慮して人事院規則で定める地域に在勤する職員に支給する。当該地域に近接する地域のうち民間の賃金水準及び物価等に関する事情が当該地域に準ずる地域に所在する官署で人事院規則で定めるものに在勤する職員についても、同様とする。」と定めた上で、その2項及び3項で、地域手当の月額は、人事院規則で定める級地の区分に従って、給料及び扶養手当（手当については、国家公務員に支給され、自治体の職員に支給されないものがあります。）の月額の合計額に、それぞれの級地の区分に応じた割合を乗じて得た額としています。

- 一級地　100分の20
- 二級地　100分の16
- 三級地　100分の15
- 四級地　100分の12
- 五級地　100分の10
- 六級地　100分の6
- 七級地　100分の3

　国の級地の区分は人事院規則で定められていますが、自治体においては、それぞれの給与条例で支給割合が定められることになります。

③ 時間外勤務手当、夜間勤務手当及び休日勤務手当

　時間外勤務手当は、別名「超過勤務手当（超勤手当）」とも称されるように、正規の勤務時間を超えてした勤務（給料が支給対象としている勤務時間を超えてする勤務）に対する対価です。時間外勤務については、労基法に最低基準の定め（同法1条2項、37条）があるので、それに違反しないように、条例で定めることになります。労基法は、勤務時間（同法では「労働時間」といいます。）について1週間40時間、1日8時間を上限とし（同法32条）、毎週1回の休日を原則とした（同法35条）上で、このことを前提とした時間外の労

働に対する割増賃金の規定（同法37条）を置いています。一方、自治体においては勤務時間を1週間38時間45分、1日7時間45分とし（この時間を「正規の勤務時間」といいます。）、毎週2回の休日（「週休日」といいます。）を置いているのが通常であり（勤務時間及び休日については後記5（81ページ）参照）、条例ではこのことを前提として時間外勤務手当について定められています。

　正規の勤務時間を超えて勤務することを命ぜられた場合（週休日に勤務を命ぜられた場合を含み、その週休日が同一の週内に振り返られた場合を除きます。）は、その超えた全時間に対して時間外勤務手当が支給されます。国民の祝日に関する法律が定める祝日は休日とされていますが（同法3条）、この日の正規の勤務時間の勤務は、給料の支給対象となっているので、週休日と重複しない限り、時間外勤務手当は支給されず、休日勤務手当（その算出方法は後記②と同じです。）が支給されることになっています。時間外勤務手当の額は、1時間を単位として計算され、給与期間（普通は1か月）中の全時間を合算して、1時間未満の端数があるときは、30分以上を1時間に切り上げ、30分未満を切り捨てるのが通例となっています。1時間当たりの給与額の算出基礎には、給料に地域手当、産業教育手当及び月額で支給される特殊勤務手当が含まれ、扶養手当、通勤手当、単身赴任手当、期末手当及び勤勉手当は含まれないとされています。具体的な時間外手当の額は、勤務1時間当たりの給与額について、当該時間外勤務をした日と勤務をした時間に応じて次の割増率を用いて算出されます（労基法37条1項、4項。かっこ内は夜間勤務手当）。

① 正規の勤務時間が割り振られた日（休日勤務手当が支給される日を除きます。）における勤務については25％増し（午後10時から午前5時までの勤務については50％増し）

② ①の勤務以外（原則として週休日）の勤務は35％増し（午後10時から午前5時までの勤務については60％増し）

③ 1か月60時間を超えて勤務した場合の当該超えた部分は50％増し（午後10時から午前5時までの勤務については75％増し）

なお、短時間勤務職員が、正規の勤務時間が割り振られた日において、正規の勤務時間を超えてした勤務のうち、その勤務の時間とその勤務をした日における正規の勤務時間との合計が7時間45分に達するまでの間の勤務については、1時間当たりの給与の額に対する割増はありません。また、前記③の割増手当については、その支給に代わるものとして、超勤代休時間の制度が設けられているのが通常です。すなわち、労基法37条3項は、1か月について60時間を超える延長労働をさせた労働者に対して、5割以上の率で計算した割増賃金の支払に代えて、通常の労働時間の賃金が支払われる休暇（年次（有給）休暇を除きます。）を与えることを定めた場合において（地公法58条4項による労基法37条3項の読み替え）、当該労働者が当該休暇を取得したときは、当該労働者の同項ただし書に規定する時間を超えた時間の労働のうち当該取得した休暇に対応する時間の労働については、その割増賃金を支払うことを要しないと定めていることから、この割増賃金の支給に代わる措置の対象となるべき時間（「超勤代休時間」と称されます。）として、勤務時間の全部又は一部を指定することができ、その超勤代休時間には、それが正規の勤務時間に含まれる場合においても勤務することを要しない（給料は支払われます。）とされています。なお、企業職員及び単純労務職員について超勤代休時間の制度を導入するためには労働組合などとの協定が必要です（労基法34条2項、地公法58条4項、地公企法39条1項、地公労法17条1項・附則5項）。

　ところで、教育職員については、その勤務の特殊性から、校長、副校長及び教頭を除いて教職の調整額が支給され（教育職員給与特別措置法3条1項）、時間外、休日及び深夜の割増賃金について定める労基法37条が適用除外され（教育職員給与特別措置法5条による地公法58条3項本文の読み替え）、時間外勤務手当及び休日勤務手当は支給されないこととされています（教育職員給与特別措置法3条2項）。その上で、管理職手当を受けない職員に対して時間外勤務を命じることができる場合についての厳しい制限がなされています（このことについては後記5（81ページ）参照）。

4 期末手当

　期末手当は、6月1日及び12月1日（これらの日を「基準日」といいます。後記5において同じです。）にそれぞれ在職する職員に対して、支給され、その額は、期末手当基礎額（給料及び扶養手当の月額並びにこれらに対する地域手当月額の合計額）に、6月に支給する場合においては100分の122.5を、12月に支給する場合においては100分の137.5をかけた額に、基準日以前6か月以内の期間におけるその者の在職期間に応じて定められた次の割合を乗じて算出されます。

- 6か月＝100分の100
- 5か月以上6か月未満＝100分の80
- 3か月以上5か月未満＝100分の60
- 3か月未満＝100分の30

　なお、会計年度パートタイム職員にも期末手当を支給することができますが（前記第1章3（4）2a（16ページ）参照）、期末手当が報酬を補完するものであることを勘案して、勤務日数などの勤務の実態に応じた支給率が定められることになります。

5 勤勉手当

　勤勉手当は、基準日にそれぞれ在職する職員に対し、その者の基準日以前における直近の人事評価の結果及び基準日以前6か月以内の期間における勤務の状況（地公法23条の3参照）に応じて、支給されるものです。その額は、勤勉手当基礎額に、任命権者が人事会規則又は長の規則で定める基準に従って定める割合をかけた額とされています。ここでいう勤勉手当基礎額とは、それぞれその基準日現在において職員が受けるべき給料の月額と、これに対する地域手当の月額の合計額のことです。

　勤勉手当については、次の職員の区分ごとに、職員が属する組織における支給総額の上限が定められていますが、在職期間に応じて乗じられる割合は期末手当の場合と同じです。なお、地方公務員法及び地方自治法の一部を改正する法律（平成29年5月17日法律29号）による自治法の改正によって、会計年度フルタイム職員にも勤勉手当を支給できることになっていますが、そ

の場合における支給総額の上限も条例で定められることとなっています。
① 再任用職員以外の職員
　　当該職員の勤勉手当基礎額に当該職員がそれぞれその基準日現在において受けるべき扶養手当の月額並びにこれに対する地域手当を加算した額に100分の90を乗じて得た額
② 再任用職員
　　当該職員の勤勉手当基礎額に100分の42.5を乗じて得た額

6 退職手当

　退職手当は、職員が退職（死亡による退職を含みます。）した場合に、当該職員又はその遺族に対して支給されるものですが、それには、①功績報償的な意味と②退職後の生活の保障としての意味があります。短時間勤務の職員及び会計年度フルタイム職員の場合については、退職手当の性質を考えて、その支給の是非を判断することになりますが、国家公務員の場合には再任用職員に対しては退職手当が支給されず（退手法2条）、「常時勤務に服することを要しない者のうち、内閣総理大臣の定めるところにより、職員について定められている勤務時間以上勤務した日（法令の規定により、勤務を要しないこととされ、又は休暇を与えられた日を含む。）が引き続いて12月を超えるに至ったもので、その超えるに至った日以後引き続き当該勤務時間により勤務することとされているもの」も退職手当支給の対象としています（退手法施行令1条1項2号）。

　退職手当には、一般の退職手当のほか、特別なものとして、
● 労基法による解雇予告が必要な場合にその予告を受けないでする退職者に対するもの（「予告を受けない退職者の退職手当」といいます。）
● 雇用保険法が適用されるとした場合（職員に同法は適用されません。）に受けることができる雇用保険金の額に退職手当の額が不足する者に対するもの（「失業者の退職手当」といい、「予告を受けない退職者の退職手当」とあわせて「特別の退職手当」といいます。）

があります。一般の退職手当の額は、退職の日におけるその者の給料月額（「退職日給料月額」といいます。）に、その者の勤続期間（職員となった日の属

する月から退職した日の属する月までの月数をいい、国や他の自治体などに勤務した期間が通算される場合があります（自治法252条の18の2、公益法人等派遣法9条参照））に応じて定められた支給率を乗じて得られた退職手当の基本額（退職日給料月額の60倍を限度とします。）に、勤続期間中の各月ごとに、その者が占めていた職に適用されていた給料表の等級に対応して定められた額を合計した額（通算して60か月分を限度とし、「一般の退職手当の調整額」といいます。）を加えて算出されるのが原則です。一般の退職手当における支給率は次のようになっているのが通例です。

	勤続期間	支給率
a　自己の都合による退職等の場合	1年以上10年以下 11年以上15年以下 16年以上20年以下 21年以上25年以下 26年以上30年以下 31年以上	1年につき100分の100 1年につき100分の110 1年につき100分の160 1年につき100分の200 1年につき100分の160 1年につき100分の120
	なお、勤続期間が1年以上10年以下の者については100分の60、11年以上15年以下の者については100分の80、16年以上19年以下の者については100分の90が、それぞれ、前記の率によって算出された退職手当の基本額に乗じられる。	
b　11年以上25年未満の期間勤続し、定年等により退職した場合	1年以上10年以下	1年につき100分の125
	11年以上15年以下	1年につき100分の137.5
	16年以上24年以下	1年につき100分の200
c　25年以上の期間勤続し、定年等により退職した場合	1年以上10年以下	1年につき100分の150
	11年以上25年以下	1年につき100分の165
	26年以上34年以下	1年につき100分の180
	35年以上の期間	1年につき100分の105

ところで、国においては、平成21年度（2009年度）から、懲戒免職処分を受けたり、欠格条項（前記第1章2（1）（3ページ）参照）に該当して失職した場合（成年被後見人又は被保佐人となった場合を除きます。）などには、その者に退職手当の全部又は一部を支給せず、すでに退職手当が支給されてい

る場合にはその全部又は一部の返還を命ずる処分ができることとされました（退手法4章）。

　このことを受けて、ほとんどの自治体において、同様な制度を導入することとなりましたが、そのことについての条例の定めは、「退職をした者が次の各号のいずれかに該当するときは、当該退職に係る退職手当管理機関は、当該退職をした者（当該退職をした者が死亡したときは、当該退職に係る一般の退職手当等の額の支払を受ける権利を承継した者）に対し、当該退職をした者が占めていた職の職務及び責任、当該退職をした者が行った非違の内容及び程度、当該非違が公務に対する国民の信頼に及ぼす影響その他の政令で定める事情を勘案して、当該一般の退職手当等の全部又は一部を支給しないこととする処分を行うことができる。」と規定する退手法12条1項本文の表現そのままなのが普通です。

　そして、「国家公務員退職手当法の運用方針」は、この退職手当の支給制限の事由に該当する場合は、一般の退職手当を支給しないことを原則とするとしており、各自治体においても、多くの場合、同様の運用方針を定めています。

　しかし、前記の条例（法律）の表現からみて、一般の退職手当を支給しないことが原則であると解することはできない（条例の解釈として、前記運用方針が正しいとした裁判例はありません。）ことから、支給制限の処分の是非についての争いが少なくないのが実情です。裁判例には、当然のことながら、懲戒免職処分はやむを得ないが、退職手当を全部支給しないのは裁量権を逸脱しているとするものがある一方、両方の処分とも違法ではないとするものもあります。ともあれ、この処分は、退職した職員又はその相続人に対するものですので、職員に対する不利益処分（地公法49条）に該当せず、不服がある場合は給与その他の給付に関する処分に対する審査請求（自治法206条）を行うか、その取消しを求める訴えを提起することになります。この場合には、訴訟を提起する前に審査請求をすることが要求されていない（地公法51条の2参照）ので、直ちに出訴することができますので、懲戒免職処分に対する不服の審査と退職手当の一部又は全部の不支給処分に対する不服の審理が分離して行われることもあり得ます。

　なお、退職手当が支給された後に、支給制限に該当する事実が発覚した場

合には、その退職をした者やその遺族に対して、支給済みの退職手当の全部又は一部の返還を命ずる処分を行うことができるとされていますが、その命令に対して不服がある場合の審査請求と訴訟の関係は、不支給処分があった場合と同じです。

(3) 給与その他の給付の制限

　自治体は、いかなる給与その他の給付も法律又は法律に基づく条例に基づかないで、職員に支給することはできません（自治法204条の2）。自治法以外の法律にも職員に対する手当の給付を定めた法律はありますが、その手当は全て自治法204条2項に列挙されており、個別の法律はその支給対象や要件を定めるものとなっています（前記(2)① (61ページ) 参照）。自治法203条の2第1項及び3項並びに204条1項及び2項に定める以外の給付としては、退職年金及び退職一時金があります（同法206条、地共済法）。なお、この自治法の規定を前提として、地公法も、その25条1項で、職員の給与は、「給与に関する条例に基づいて支給されなければならず、また、これに基づかずには、いかなる金銭又は有価物も職員に支給してはならない。」としています。

　実務上問題になることが多いのは、厚生事業の一環として、健康診断やカウンセリングなどの保健の事業、運動会・観劇会・小旅行・サークル活動などの元気回復（レクレーション）の事業など（地公法42条）を行う際になされる自治体による財政負担の適否です。また、職員を構成員とする互助会が設置され、そこへの自治体の支出が問題となることもあります。これらについては、自治体が全部又は一部の経費を負担する事業において、金券や換金の容易な利用券などの交付のように、個々の職員に金銭を支給するのと同様な効果を生じる場合には、給与その他の給付の制限に違反することになるとするのが裁判例の大勢です。

(4) 給与の決定及び支給に関する原則
① 職務給の原則と標準職務遂行能力

　職員の給与は、その職務と責任に応ずるものでなければならない（地公法

24条1項）とされ、この考え方は「職務給の原則」と称されます。この原則と、給与以外の勤務条件にも適用される「情勢適応の原則」及び「均衡の原則」並びに「条例主義の原則」（前記2（52ページ）及び3（1）（55ページ）参照）をあわせて、「給与の決定に関する4原則」といいます。

　ただ、企業職員及び単純労務職員には、この職務給の原則が適用されず、その代わりに「職員の給与は、その職務に必要とされる技能、職務遂行の困難度等職務の内容と責任に応ずるものであり、かつ、職員の発揮した能率が十分に考慮されるものでなければならない」とされています（地公企法38条2項、地公労法17条1項・附則5項）。

　職務給の原則を実現するためには、個々の職員が遂行すべき職務の内容が明らかにされなければならないことから、職員の職を職務の種類及び複雑さと責任の度に応じて分類整理することを中核とする職階制を実施することが試みられていましたが、平成28年（2016年）4月1日から施行された地方公務員法及び地方独立行政法人法の一部を改正する法律（平成26年法律34号）によって、職階制についての条文が廃止され、それに代わるべきものとして、標準職務遂行能力の考え方が導入されました。そこでは、等級別基準職務表を条例で定めることとされ（地公法25条3項2号）、都道府県における行政職給料表（一）が適用される職員についての等級別基準職務表の例として次のものが示されています（平成27年4月10日付け総行給第31号・総財公第73号総務省自治行政局長・自治財政局長通知）。

等級	基準となる職務
一級	定型的な業務を行う職務
二級	①　主任の職務 ②　特に高度の知識又は経験を必要とする業務を行う職務
三級	係長の職務
四級	①　本庁又は委員会の事務局の課長補佐の職務 ②　地方機関の課長の職務
五級	①　困難な業務を行う本庁又は委員会等の事務局の課長補佐の職務 ②　地方機関の次長の職務

六級	①	本庁又は委員会等の事務局の課長の職務
	②	地方機関の長の職務
	③	困難な業務を行う地方機関の次長の職務
七級	①	困難な業務を行う本庁又は委員会等の事務局の課長の職務
	②	困難な業務を行う地方機関の長の職務
	③	困難な業務を行う規模の大きい地方機関の次長の職務
八級	①	本庁の次長の職務
	②	委員会等の事務局の長の職務
	③	困難な業務を行う規模の大きい地方機関の長の職務
九級	①	本庁の部長の職務
	②	会計管理者の職務
	③	困難な業務を行う委員会等の事務局の長の職務

1　この表において「委員会等の事務局」とは、自治法138条の規定により議会に置かれる事務局並びに同法138条の4の規定により置かれる委員会及び委員の事務局をいう。
2　この表において「地方機関」とは、自治法155条の規定により条例で設けられた支庁及び地方事務所並びに同法156条の規定により法律又は条例で設けられた行政機関をいう。

　標準職務遂行能力というのは、職制上の段階及び職務の種類に応じ、職制上の段階の標準的な職について、任命権者が定めるその職務を遂行する上で発揮することが求められる能力のことです（地公法15条の2第1項4号、2項）。
　国家公務員についても標準職務遂行能力の考え方が取り入れられていますが、そこにおける職制上の段階の標準的な職は、係員、係長、課長補佐、課長その他の職とし、職制上の段階及び職務の種類に応じ、政令で定めるとされています（国公法34条2項）。
　自治体の内部組織としては、通常、部、課、係が設置され、それぞれの段階における責任者として長が置かれる（前記第3章2（46ページ）参照）ことは国の場合と同様ですから、職制上の段階の標準的な職も、国の場合と同じように考え、部長、課長、係長、係員が基本となり、副部長、課長補佐など、それぞれの職を補佐する職が置かれる場合は、それに準じて考えることになります。そして、その職務と責任に応じて職員の給与を定めるのですから、それぞれの職が属する職制上の段階に応じて、当該職を給料表の等級へ格付けすることになります（後記(5)②（79ページ）参照）。

一般行政職に属する職員についての標準職務遂行能力の例として、次のものが示されていますが（平成28年8月15日付け総行公第67号・総行経第41号総務省行政局長通知別紙1）、標準職務遂行能力は全ての職について定められるべきものですから、教育、警察、消防、医療、福祉、企業などの職務の別、さらには常勤の職員だけでなく、再任用職員、短時間勤務職員、会計年度職員などについても、その勤務形態の別に従って定められることになります。

標準職務遂行能力（一般行政職）

部長	①	倫理	全体の奉仕者として、高い倫理観を有し、部の重要課題に責任を持って取り組むとともに、服務規律を遵守し、公正に職務を遂行することができる。
	②	構想	所管行政を取り巻く状況を的確に把握し、先々を見通しつつ、住民の視点に立って、部の重要課題について基本的な方針を示すことができる。
	③	判断	部の責任者として、その重要課題について、豊富な知識・経験及び情報に基づき、冷静かつ迅速な判断を行うことができる。
	④	説明・調整	所管行政について適切な説明を行うとともに、組織方針の実現に向けて、上司を助け、困難な調整を行い、合意を形成することができる。
	⑤	業務運営	住民の視点に立ち、不断の業務見直しに率先して取り組むことができる。
	⑥	組織統率	指導力を発揮し、部下の統率を行い、成果をあげることができる。
課長	①	倫理	全体の奉仕者として、高い倫理観を有し、課の課題に責任を持って取り組むとともに、服務規律を遵守し、公正に職務を遂行することができる。
	②	構想	所管行政を取り巻く状況を的確に把握し、住民の視点に立って、行政課題に対応するための方針を示すことができる。
	③	判断	課の責任者として、適切な判断を行うことができる。
	④	説明・調整	所管行政について適切な説明を行うとともに、組織方針の実現に向け、関係者と調整を行い、合意を形成することができる。
	⑤	業務運営	コスト意識を持って効率的に業務を進めることができる。
	⑥	組織統率・人材育成	適切に業務を配分した上、進捗管理及び的確な指示を行い、成果をあげるとともに、部下の指導・育成を行うことができる。
室長	①	倫理	全体の奉仕者として、担当業務の課題に責任を持って取り組むとともに、服務規律を遵守し、公正に職務を遂行することができる。

室長	② 企画・立案	組織方針に基づき、行政ニーズを踏まえ、課題を的確に把握し、施策の企画・立案を行うことができる。
	③ 判断	担当業務の責任者として、適切な判断を行うことができる。
	④ 説明・調整	担当する事案について適切な説明を行うとともに、関係者と調整を行い、合意を形成することができる。
	⑤ 業務運営	コスト意識を持って効率的に業務を進めることができる。
	⑥ 組織統率・人材育成	適切に業務を配分した上、進捗管理及び的確な指示を行い、成果をあげるとともに、部下の指導・育成を行うことができる。
課長補佐	① 倫理	全体の奉仕者として、担当業務の第一線において責任を持って課題に取り組むとともに、服務規律を遵守し、公正に職務を遂行することができる。
	② 企画・立案・事務事業の実施	組織や上司の方針に基づいて、施策の企画・立案や事務事業の実施の実務の中核を担うことができる。
	③ 判断	自ら処理すべき事案について、適切な判断を行うことができる
	④ 説明・調整	担当する事案について論理的な説明を行うとともに、関係者と粘り強く調整を行うことができる。
	⑤ 業務遂行	段取りや手順を整え、効率的に業務を進めることができる。
	⑥ 部下の育成・活用	部下の指導、育成及び活用を行うことができる。
係長	① 倫理	全体の奉仕者として、責任を持って業務に取り組むとともに、服務規律を遵守し、公正に職務を遂行することができる。
	② 課題対応	担当業務に必要な専門的知識・技術を習得し、問題点を的確に把握し、課題に対応することができる。
	③ 協調性	上司・部下等と協力的な関係を構築することができる。
	④ 説明	担当する事案について分かりやすい説明を行うことができる。
	⑤ 業務遂行	計画的に業務を進め、担当業務全体のチェックを行い、確実に業務を遂行することができる。
係員	① 倫理	全体の奉仕者として責任を持って業務に取り組むとともに、服務規律を遵守し、公正に職務を遂行することができる。
	② 知識・技術	業務に必要な知識・技術を習得することができる。
	③ コミュニケーション	上司・同僚等と円滑かつ適切なコミュニケーションをとることができる。
	④ 業務遂行	意欲的に業務に取り組むことができる。

2 給与支給の原則

　地公法25条2項は、「職員の給与は、法律又は条例により特に認められた場合を除き、通貨で、直接職員に、その全額を支払わなければならない」と定め、この規定が適用されない企業職員及び単純労務職員に適用される労基法24条1項にも同一趣旨の規定があります。これは、「通貨払いの原則」「直接払いの原則」「全額払いの原則」と称されるものであり、これらをまとめて、「給与の支給に関する三原則」あるいは「賃金支払いに関する三原則」といわれます。

　まず、「通貨払いの原則」というのは、職員の給与は、その支払いがなされる地域で強制通用力を有する通貨、すなわち、日本国内で支払いがなされる場合は円で、外国で支払いがなされる場合は当該外国の通貨で支払わなければならず、そのような通貨以外のもので支払うことは認められないことを意味します。自治法232条の6第1項は、債権者に対する現金の交付に代えて小切手を振り出すことを認めていながら、同法施行令165条の4第3項が職員に支給する給与（退職手当を除きます。）に係る支出については小切手を振り出すことができないとしているのは、この原則を受けたものです。法律又は条例により特に認められた場合には、通貨によらない支払いもできることになっていますが、その例は現実にはありません。

　次に、「直接払いの原則」というのは、職員の給与は、給与の支払い者たる自治体と職員との間に何人も介在させてはならないということを意味します。これは、歴史的に労働者が中間搾取されることが珍しくなかったという反省によるものですが、現実に問題になるのは次のようなことです。

　すなわち、職員が病気その他の事由により給与を直接受領できない場合に、家人などにその受領を依頼したときは、当該家人などは、当該職員の使者として、当該職員の意思に従ってその指示どおりに行動するにすぎないと考えられるので、当該家人などに対する支払いは直接払いの原則に抵触することはありません。しかし、給与の受領の依頼を受けた者が当該職員の意思から独立して行動する者（代理人）であるときは、その依頼がたとえ職員の真意に出たものであったとしても、直接払いの原則によって、当該依頼を受けた者に支払うことはできません。

この例外が認められるのは、地公法が適用される職員については条例で、それ以外の職員については職員の過半数を代表する労働組合又は代表者との書面による協定でその旨を定めた場合のほか、労基法施行規則7条の2に掲げられている場合があり、その例としては金融機関への振り込みによる給与の支払いなどがあります。

　最後に、「全額払いの原則」というのは、いかなる名目であっても、給与の全部又は一部の支払いを留保したり、天引き控除してはならないということで、使用者による搾取を防ぐという歴史的意味が大きいものです。この例外として法律が認めている代表的なものとして、税の源泉徴収及び共済組合の掛け金があり、条例や労使の協定による代表的なものとして、互助会の掛け金、共済組合などからの借入金の返済などがありますが、職員団体や労働組合の組合費の天引き控除を認めるか否かについては、是非両論があります（違法か否かの議論ではありません。）。

　なお、給与の過払いがあった場合の調整の方法としての過払い分の控除については、その過払いの発生が防ぐことができないものであり（給料は当月分を当月の半ばに支払うのが通例であり、常にその一部は前払いとなります。）、その過払いが発生した時期に接着した次の支払期の給与から当該過払い分を控除して支払うことは全額払いの原則に抵触しないと解されています（最高裁昭和44年12月18日判決・判例時報581号3頁）。また、職員が勤務しないことを理由として給料の減額を受けた場合に、期末手当の額が当該減額を受けない場合に比較して少なくなることがありますが、これは、期末手当の計算方法の問題にすぎず、全額払いの原則とは関係がありません。

　ところで、給与の支給に関する三原則とは別のものとして、「給与の重複支給」が禁止されています。すなわち、職員が他の職員の職を兼ねる場合においても、これに対して給与を受けてはならない（地公法24条3項）とされています。職員の給与がその占める職に対するものであるということからすれば、複数の職を兼ねる場合には、それぞれの職に対する給与が重複して支給されるようにも思われますが、給料が正規の勤務時間の勤務に対する対価であり、複数の職を兼ねる場合においても、同時に複数の職の職務を遂行することはできず、一の職の職務に従事しているときには、他の職の職務に従

事することはできないので、勤務に対する対価という意味では、一の職についてのみ考えれば足りるわけです。したがって、職員が兼ねる他の職の職務（兼務）への従事が本来の職の職務（本務）について定められた正規の勤務時間外になされるものであり、その勤務について本務の給与を受けないときに、当該他の職員の職についての給与を受けることは、この重複支給の禁止に該当しないことになります。

（5）給与条例

職員の給与は条例で定められなければならず（前記3（1）（55ページ）参照）、その条例には次の事項を規定しなければなりません（地公法25条3項）。

① 給料表
② 等級別基準職務表
③ 昇給の基準に関する事項
④ 時間外勤務、夜間勤務手当及び休日勤務手当に関する事項
⑤ ①～④のほか、自治法204条2項に規定する手当（前記（2）（61ページ）参照）を支給する場合においては、当該手当に関する事項
⑥ 非常勤職員の職その他勤務条件の特別な職があるときは、これらについて行う給与の調整に関する事項
⑦ ①～⑥のほか、給与の支給方法及び支給条件に関する事項

これらの事項を条例で定めなければならないとされるのは、納税者の代表によって職員の勤務条件を決定すべきであるという財政民主主義の要請と多様な意見を代表する議会における決定により職員の利益を擁護しようという考え方に基づくものです。したがって、これらの事項についてはできるだけ詳細に条例で定めるべきですが、このような法律の趣旨に反しない限り、細部の事項については、人事委員会規則や長の規則に委任することができます（最高裁平成22年9月10日判決（判例時報2096号3頁）参照）。

なお、企業職員及び単純労務職員については、常勤の職員であるか非常勤の職員であるかを問わず、給料及び手当の種類と基準は条例で定めることとされており（地公企法38条4項、地公労法17条1項・附則5項）、その限りで、自治法203条の2及び204条の適用が排除されていますが、この場合におい

ても同法204条の2は適用されます。

1 給料表

　給料表とは、一方の軸に職務の等級を、他方の軸に号給をとり、それが交差する欄に給料の額を記載した表で、等級と号給を組み合わせる（「○等級×号給」又は単に「○級×号」といったように表します。）ことによって、具体的な給料の額が決定されます。

　ここで職務の等級というのは、職員の職を、その職務の複雑、困難及び責任の度に基づいて分類したものであって、その分類は、職制上の段階（前記第3章2（46ページ）参照）に従って、部長、課長、係長、係員など、それぞれの段階に属する職の職務（詳しくは後記2（79ページ）参照）についてなされます。また、号給は、職員は、職務に従事することなどによって、知識や技術、事務処理のノウハウなどを身につけ、事務処理能力が向上し、能率の増進に寄与することになることを考慮して、勤務成績に応じて昇給させる場合における昇給の幅を定めるものです（昇給の詳細については後記3（79ページ）参照）。このことについて、地公法25条4項は、「給料表には、職員の職務の複雑、困難及び責任の度に基づく等級ごとに明確な給料額の幅を定めていなければならない。」と定めています。

　このように、給料表は、職員の給料の具体的な額を決定する重要なものなので、「人事委員会は、毎年少なくとも1回、給料表が適当であるかどうかについて、地方公共団体の議会及び長に同時に報告するものとする。給与を決定する諸条件の変化により、給料表に定める給料額を増減することが適当であると認めるときは、あわせて適当な勧告をすることができる。」（地公法26条）とされています（前記2（1）（52ページ）参照）。

　なお、給料は、その職務と責任に応ずるものでなければならず、民間事業の従事者の賃金をも考慮して定められるべきものであるので（地公法24条1項、2項）、給料表は、職務の種類ごとに定められることになります。国においては、17種類の俸給表（給料表に相当するものです。）が定められていますが、なかには、専門行政職、専門スタッフ職や指定職などのように自治体にはない職種についてのものなどがあるほか、税務職、医療職、研究職など

のように自治体によっては適用対象職員が少ないものもあります。このため、自治体は、それぞれの組織規模の実態に応じて、国の俸給表から適切なものを選び、それに準じて、給料表を作成しているのが実態です。

2 等級別基準職務表

　給料表における職務の等級ごとに分類する際に基準となるべき職務の内容は、「等級別基準職務表」として、条例で定められます（地公法25条5項）。等級別基準職務表は、給料表の種類ごとに、職制上の段階ごとにおかれた職（前記第3章2（46ページ）参照）の職務を等級に当てはめる基準であり、具体的には「係員の職務」「係長の職務」「課長の職務」「部長の職務」などが、それぞれどの等級に当てはまるかを定めたものです。なお、等級別基準職務表における等級と職制上の段階（前記第3章2（46ページ）参照）とが必ずしも一致しないことについては次の3で述べます。

3 初任給・昇給・昇格の基準に関する事項

　職員は、採用されたときに、給料表の特定の等級の特定の号給に決定され、そのことを前提として、以後の給料が決定されていきます。その決定の基準を定めるのが初任給の基準であり、人事委員会規則（人事委員会を置かない自治体にあっては長の規則）で定められているのが通例ですが、そこでは、採用試験の区分、学歴・免許などによる一般的な基準のほか、前職における経験年数の勘案方法も定められています。

　昇給というのは、同一の等級の中で、上位の号給に決定されることで、その基準は条例で定められます（地公法25条3項3号）。昇給は、通常、毎年1回決まった日（「昇給日」と称されます。）に、その日の前1年間を良好な成績で勤務した職員を4号上位の号給に上げることを基準として、個々の職員の勤務成績に応じて、1号給から8号給の間でなされますが、当該等級における最高号給を超えて行うことはできないとされています。

　昇格というのは、現に属する等級よりも1級上位の等級に決定されることであり、その基準は、人事委員会規則（人事委員会を置かない自治体にあっては長の規則）で定められているのが通例です。昇格は、現に任命されている

職よりも上位の職制上の段階（前記第3章2（46ページ）参照）に属する職に任命される昇任（地公法15条の2第1項2号）の場合には必ずなされますが、昇格が必ずしも昇任を伴うわけではありません。すなわち、等級別基準職務表において、課長の職を通常の業務を行う職と困難な業務を行う職（職制上の段階としては同じ）に分けて、後者を前者よりも上位の等級に位置づけている場合には、昇任を伴わない昇格があり得ます。しかし、困難な業務を行う課長の職から通常の業務を行う課長の職へ任命された場合にも、降格の措置（下位の等級に決定すること）がとられること（これは分限処分における降給（地公法28条3項）となります。）がないのが現状で、この異動は、事実上、一方通行です。

4 時間外勤務手当、夜間勤務手当及び休日勤務手当に関する事項

地公法25条3項4号は、時間外勤務手当、夜間勤務手当及び休日勤務手当に関する事項を条例で定めなければならないとしていますが、これは、労基法が定める労働時間の上限を超え、又は深夜もしくは休日に労働させた場合に、一定の割増賃金の支払いが義務づけられていることを受けたものです。しかし、職員については、労基法における休日労働に対する対価は時間外勤務手当で措置されており、休日勤務手当は国民の祝日における勤務の対価を意味する（詳しくは前記(2)③（63ページ）参照）ので、この規定は自治法の用語法と一致せず、若干ミスリーディングです。

5 時間外勤務手当、夜間勤務手当及び休日勤務手当以外の手当に関する事項

自治法203条の2第4項は、会計年度パートタイム職員に期末手当を支給できるとし、同法204条2項は、常勤の職員、短時間勤務職員及び会計年度フルタイム職員に各種の手当を支給できるとしています（前記(2)①（61ページ）参照）が、労基法が義務づけている割増賃金（上記4参照）以外は、その支給が義務づけられているわけではありません。したがって、その支給が任意とされている手当を、いかなる職員にいかなる条件が満たされたときに支給するかは行政判断の問題となります。

手当の多くは、給与法の定めに準じたものですので、その支給要件もそれに準じることになるのは当然のことですが、会計年度採用職員の制度は国にはないものであるため、その担当職務及び勤務実態を考慮して支給すべき手当と条件を定めることになります。

6 非常勤職員の職その他勤務条件の特別な職についての給与の調整に関する事項

給料表は、任期の定めのない任用を前提として、昇格及び昇給を考慮したものであるため、その前提が異なる非常勤の職（その定義については前記（1）（60ページ）参照）その他勤務条件の特別な職を占める職員については、それぞれについて独自の給料表を作成するか、すでに作成済みの給料表を調整して適用することになります（手当については、手当自体の支給要件（上記5参照）を適切に定めることになります。）。

特に1年を超えない任期を定めて採用される職員については、その任期内における昇給を考える余地がない（前記3（79ページ）参照）ので、給料表に依拠しない特別な調整がなされることになります。

7 給与の支給方法及び支給条件に関する事項

給与については、「通貨払い」「直接支払い」「全額支払い」という「給与の支給に関する三原則」があり、この原則によらないこととする場合には、条例でその旨の定めが必要です（前記（4）2（75ページ）参照）。また、給料の支給日並びに各種手当の支給要件及び支給日も条例で定められます。

5 働き方改革（勤務時間と休み）

（1）正規の勤務時間と週休日並びに祝日と閉庁日

勤務時間は、給与の反対給付である勤務の量を根拠づけるものであり、給与以外の勤務条件で最も重視されます。労働条件の最低基準を定める労基法は、職員にも原則として適用されるので、職員の勤務時間についてもそこで定められている基準を下回ることはできませんが、同時に、その決定に際しては、国及び他の自治体の職員との間に権衡を失しないように適当な考慮を

払うこととされています（地公法24条4項）。

　まず、労基法が定める原則をみると、勤務時間について、1日につき8時間、1週間につき40時間を超えてはならず（労基法32条）、毎週少なくとも1回の休日（職員については「週休日」と称されます。）を与えなければならない（労基法35条1項）とした上で、1か月以内の一定の期間を平均して1週間の勤務時間が40時間を超えない定めをした場合には、その週の特定の日において8時間又は特定の週において40時間を超えて勤務させることができる（労基法32条の2、これを「変形8時間制」といいます。）としています。

　この変形8時間制の採用について、労基法32条の2第1項は労働組合などとの協定を締結することを原則としていますが、企業職員及び単純労務職員以外の職員については「就業規則その他これに準ずるもの」で定めればよいこととされています（地公法58条4項による労基法32条の2第1項の読み替え、地公企法39条1項、地公労法17条1項・附則5項）。ただ、この労働時間及び休日に関する労基法の定めは、監督もしくは管理の地位にある職員又は機密の事務を取り扱う職員、監視又は断続的労働に従事する職員で行政官庁の許可を得たものには適用されないとされています（労基法41条）。そして、非現業職員（この意味については後記（3）（85ページ）参照）についての行政官庁というのは、人事委員会もしくはその委任を受けた人事委員会の委員又は人事委員会を置かない自治体の長を意味します（地公法58条5項）。

　労基法は、変形8時間制以外にも、
- 労働組合などとの書面による協定を定めて行う「フレックスタイム制」（同法32条の3）
- 1か月を超え1年以内の期間における「変形労働時間制」（同法32条の4、32条の4の2）
- 小規模事業所についての特例（同法32条の5）

を定めていますが、これらの規定は、企業職員及び単純労務職員以外の職員については、適用されないことになっています（地公法58条3項、地公企法39条1項、地公労法17条1項・附則5項）。

　次に、ほとんどの自治体がそれに準じることとしている国の一般職の職員の勤務時間についてみると、おおむね、次のようになっています。すなわち、

月曜日から金曜日までの５日間において、１日について７時間45分の勤務時間が割り振られ（勤務時間が割り振られている日を「勤務日」といいます。）、土曜日及び日曜日には勤務時間を割り振らず（勤務時間が割り振られていない日を「週休日」といいます。）、１週間の勤務時間を38時間45分とするのが原則とされています（勤務時間法５条１項、６条１項本文・２項本文）。しかし、公務の運営上の事情により特別の形態によって勤務する必要のある職員については、この原則によることなく、週休日及び勤務時間の割り振りを別に定めることができ（勤務時間法７条１項）、この場合にあっては、４週間ごとの期間につき８日の週休日と１週間当たり38時間45分の勤務時間という考え方によるのが基本です（勤務時間法７条２項本文）。また、職務の特殊性又は当該官庁の特殊の必要により、この基本によることが困難である職員については、当該官庁の長（任命権者）は、人事院と協議して、人事院規則の定めるところにより52週間（１年間に相当）を超えない期間について、１週間当たり１日以上の割合で週休日を設け、１週間当たり38時間45分となるように勤務時間を割り振ることができることとされています（勤務時間法７条２項ただし書）。

　なお、短時間勤務職員については、勤務時間を１週間当たり15時間30分から31時間までの範囲内で、１週間ごとの期間について１日につき７時間45分を超えないように定め、土曜日及び日曜日に加えてそれ以外の日をも週休日とするのが原則ですが、短時間勤務職員が公務の運営上の事情により特別の形態によって勤務する必要のある職員である場合には、４週間ごとの期間につき８日以上の週休日を設け、１週間当たり15時間30分から31時間までの範囲内で勤務時間を定めることができることとされています（勤務時間法５条２項、６条１項ただし書・２項ただし書、７条２項本文）。勤務時間を定める条例においては、ここで人事院又は人事院規則とあるのは、人事委員会を置いている自治体にあっては人事委員会又は人事委員会規則とされているのが通例で、人事委員会を置かない自治体にあっては、人事院規則で定めるべき事項は長の規則で定めることになります。

　ところで、国民の祝日について定める祝日法３条１項は、国民の祝日は休日（労基法上の休日とは異なります。）とすると定めており、職員については、

特に勤務することを命ぜられた者を除いて、正規の勤務時間においても勤務することを要しないとされ、さらに12月29日から翌年の1月3日までの日（休日を除き、「年末年始の休日」と称されます。）も同様とされているのが通常です（職員については、休日というのは国民の祝日及び年末年始の休日を意味する言葉です。）。休日と週休日との違いは、勤務時間が割り振られているか否かにあり、週休日に勤務したときは時間外勤務手当が支給されるのに対して、休日に勤務したときには休日勤務手当が支給されることになります（前記4（2）③（63ページ）参照）。この休日についても、代休の制度がありますが、休日そのものが労基法に定められているものではないので、同法との関係を考慮する必要はありません。

このように、週休日と休日は職員が勤務しないのが原則であることから、自治体としても執務を行わないことになります。このことについて、自治体は、執務を行わない日（「地方公共団体の休日」といいます。）を、次の日について条例で定めるものとされています（自治法4条の2第1項、2項）。

① 日曜日及び土曜日
② 国民の祝日に関する法律に規定する休日
③ 年末又は年始における日で条例で定めるもの
④ 当該自治体において特別な歴史的、社会的意義を有し、住民がこぞって記念することが定着している日で、当該自治体の休日とすることについて広く国民の理解を得られるようなものであって、総務大臣との協議を経たもの

（2）休憩時間

勤務時間そのものではありませんが、それに密接に関係するものとして、休憩時間があります。休憩時間は、勤務から解放される時間であり、給料の支給対象とならない時間ですが、勤務時間が6時間を超える場合は少なくとも45分、8時間を超える場合は少なくとも1時間の休憩時間を勤務時間の途中に与えなければならず（労基法34条1項）、その時間は、条例に特別の定めがあるときを除いて、一斉に与えなければならない（これを「一斉休憩の原則」といいます。）とされています（労基法34条2項、地公法58条4項）。

この結果、通常の勤務に引き続いて時間外勤務となるときは、昼休みが45分の場合、7時間45分の勤務終了後に15分の休憩をとることが必要となりますが、多くの自治体においては、昼休みを1時間としているので、この場合には休憩をとることなく時間外勤務を始めることができます。また、一斉休憩の原則を遵守したときに不都合が生ずる窓口業務などにあっては交代でとるように条例で定められているのが通常です。なお、この一斉休憩の原則の例外については、企業職員及び単純労務職員については労働組合などとの協定によることとされています（労基法34条2項、地公法58条4項、地公企法39条1項、地公労法17条1項・附則5項）。

(3) 時間外勤務

　労基法別表第1に掲げる事業以外の事業に従事する職員（通常の行政事務に従事する職員のことであり「非現業職員」と称されます。）については、同法36条の規定によることなく、公務のため臨時の必要があるときは法定の労働時間を超え、又は休日に労働させることができるとされています（労基法33条3項）。また、労基法別表第1に掲げる事業に従事する職員（企業職員のほとんどはこれに含まれます。）については、同法33条3項によることができず、法定の労働時間を超え、又は休日に労働させるためには、同法36条に基づく労働組合などとの協定（「三六協定」と称されます。）が必要とされますが、18歳未満の者についてはこの協定があっても時間外労働をさせることはできません（労基法60条。33条3項によることは可能）。ただ、「災害その他特別の事由によって、臨時の必要がある場合」は、三六協定がない場合であっても、「使用者は、行政官庁の許可を受けて」、法定の労働時間を超え、又は休日に労働させることができます（労基法33条1項）。

　また、労働時間及び休日に関する労基法の定めは、監督もしくは管理の地位にある職員又は機密の事務を取り扱う職員、監視又は断続的労働に従事する職員で行政官庁の許可を得たものには適用されないとされています（前記(1)(81ページ)参照）。なお、労基法がいう行政官庁というのは、非現業職員にあっては、人事委員会もしくはその委任を受けた人事委員会の委員又は人事委員会を置かない自治体の長を意味します（地公法58条5項）。

ところで、教育職員については、教育職員給与特別措置法5条及び地公法58条3項本文によって、労基法33条3項の規定が「公務のために臨時の必要がある場合においては、第1項の規定にかかわらず、別表第1第12号に掲げる事業に従事する国家公務員及び地方公務員については、第32条から前条まで若しくは第40条の労働時間を延長し、又は第35条の休日に労働させることができる。この場合において、公務員の健康及び福祉を害しないように考慮しなければならない。」と読み替えて、適用されることになっています。そして、正規の勤務時間を超えて勤務させる場合の基準を定める教育職員時間外勤務政令は、原則として時間外勤務を命じないものとすることとした上で、時間外勤務を命ずる場合は、次に掲げる業務に従事する場合であって臨時又は緊急のやむを得ない必要があるときに限るものとするとしています。

① 校外実習その他生徒の実習に関する業務
② 修学旅行その他学校の行事に関する業務
③ 職員会議（設置者の定めるところにより学校に置かれるものをいいます。）に関する業務
④ 非常災害の場合、児童又は生徒の指導に関し緊急の措置を必要とする場合その他やむを得ない場合に必要な業務

　時間外勤務についての法律上の制限は上記のとおりですが、職員については、勤務時間を割り当てられた日（「勤務日」といいます。）における7時間45分を超える勤務及び週休日（勤務時間が割り当てられていない日）並びに1か月37時間45分を超える勤務が時間外勤務となります（前記4(2) ③ (63ページ) 参照）。このうち、週休日の勤務については、その週休日を勤務日に振り替え、又は勤務日の4時間を週休日の4時間の勤務に振り替えることができるとしているのが通常ですが、この場合にあっても、1週間40時間を超える勤務については割増賃金を支払わなくてはならないとされ（労基法37条1項）、正規の勤務時間は1週間につき37時間45分とされていることから、勤務をした週休日の属する週の中で振替がなされない場合の当該勤務した時間は当該週における時間外勤務の時間に算入しているのが通例です。

6　ワークライフバランス（休暇等）

（1）年次有給休暇

　使用者は、6か月間継続勤務し、その間の全労働日の8割以上出勤した労働者に対して、継続し、又は分割した10労働日の有給休暇を与えなければならず、総日数が20日に達するまで、それ以後継続勤務が1年増えるごと（当該1年の期間における全労働日の8割以上出勤することが必要です。）に1労働日を加算した有給休暇を与えなければなりません（労基法39条1項、2項）。

　また、通常の勤務時間の職員に比較して勤務時間の少ない職員（1週間の所定労働時間が30時間未満の者に限ります。）については、週所定労働日数又は1年間の所定労働日数に応じて、この原則とは異なる有給休暇の日数が定められています（労基法39条3項、同法施行規則34条の3）。この有給休暇は、年次有給休暇又は単に年休と称されますが、勤務時間が割り振られている日に給料を失うことなく勤務しないことができるところに特徴があり（労基法39条6項）、公務災害による休業、育児休業、介護休業及び産前産後の休業の期間は、年次有給休暇取得の要件については出勤したものとみなすこととされています（労基法39条7項）。年次有給休暇についても条例で定めなければならないのは、給与の場合と同じですが、そこで前述の労基法の定めよりも多い年次有給休暇の日数が認められたときには（条例による年次有給休暇は前年の出勤日数についての要件がないのが通例です。）、条例の解釈として、法定の日数を上回る分（採用された年（前年の勤務実績がない）の最初から20日の年次有給休暇が認められているのが通例です。）も法定の年次有給休暇と同じ性質のものであると理解されています。

　年次有給休暇については、職員が自分の有する日数の範囲内で、休暇の始期と終期を具体的に特定して、休暇の時季を指定したとき（この指定は事前になされるべきものですが、事後の指定も認められることが多いのが現実です。）は、その職員に休暇を与えることが事業の正常な運営を妨げる事由が存し、かつ、それを理由として使用者がその時季を変更する権利（これを「時季変更権」といいます。）を行使しない限り、当然に当該労働日における就労義務が消滅する（年休が成立する）と解されています。年次有給期間中は就労義

務がないので、使用者の指揮監督権が及ばないことになり、その期間をいかなる目的に使用するかは当該職員の自由です。したがって、時季変更権の行使は、純粋に当該職員が休暇をとることによる公務への支障の有無という観点からなされるべきものであり、その取得目的を云々することは許されません。ただ、年次有給休暇は、あくまでも業務が正常に運営されるという前提で認められるものなので、その取得の目的が業務の正常な運営を妨げることであるときは、その前提を欠くものとして、取得は認められないことになります（このような目的による年次有給休暇の取得は争議行為（地公法37条1項）に該当します。）。また、同一の職場で複数の者から同一の時期について年次有給休暇の時季の指定がなされ、その全員が休んだ場合には業務に支障が生ずるというときには、時季変更権の行使の前提として、それぞれの休暇取得の目的を考慮することは許されるものと考えられます。

　また、年次有給休暇は、職員がその時季を指定することによって成立する形成権ですが、従来、それは職員が請求し、任命権者が承諾することによって成立する請求権であり、それには2年間の消滅時効の規定（労基法55条）が適用されると理解されていました。現在は、その法律的な根拠を論ずること（形成権に時効の適用があるか否かを問題にすること）なく、翌年に限り繰り越すことを認めるという運用をしているのが通例です。

(2) 病気休暇
1 制度

　病気休暇は、職員が負傷又は病気を療養するために必要とされる最小限度の期間について認められる休暇です。病気休暇の対象となる病気には、普通の病気のほか、女性職員の生理による就業困難、予防注射などによる発熱などが含まれ、その療養には通院や入院のほか、予後のリハビリテーションも含まれます。病気休暇を得るためには、事前に請求して（やむを得ない場合は事後もあり得ます。）、承認を受けなければならず、その請求の日時における公務に支障があり、通院やリハビリテーションなどで他の時期にそれを認めても療養の目的を損なうおそれがないときは承認されないことがあります。また、病状を確認する必要があるときには、診断書などの提出を求められる

こともあります。ただし、女性職員の生理による就業困難を理由とする休暇は必ず承認しなければなりません（労基法68条）。なお、病気休暇については法律の定めがないので、その具体的な要件は条例に委ねられており、1日、1時間又は1分を単位とすることもできます。

　病気休暇の期間についての制限はなく、職務を実際に遂行したこと又は職務に関連した一定の事実に基づいて支給される特殊勤務手当などは支給されませんが、私傷病による病気休暇が90日（結核性疾患の場合は1年）を超えるまでは給料の全額が支給され、それを超えるときは、給料の半額が減額されるのが通例です。

2 運用

　ところで、一口に病気といっても病状の軽重、療養期間の長短など様々なものがあり、心身の故障は分限処分の事由ともなり得る（地公法28条1項3号、2項1号）ことから、実際に病気になった場合の一般的な取扱いは、おおむね次のとおりになされています。

　病気により勤務することができなくなったときは、まず、病気休暇を取得します。この場合、限られた時間の通院や1日あるいは2日という短期間の療養については、病気休暇の請求をせず、年次有給休暇を利用することも多くあります。病気のために長期の療養が必要とされる場合には、病気休暇の期間が90日を超えると給料が半減され、病気休職（最長3年とされます。）の場合には、その期間が満1年（結核性疾患の場合は2年）に達するまでは、給料及び一定の手当の100分の80が支給されること、復職の可能となる時期などを考慮して、適当な時期に、任命権者が分限休職の発令をするのが通例です。また、病気休暇中の職員はもちろん、休職者もその職を保有しているので、他の職員をその職に任用する必要があるときは、当該職員を異動させるのが原則ですが（地公法17条1項参照）、現実には、多くの場合、当該職員を異動させることなく、他の職員をもってその職に充てます（人事院規則11－4（職員の身分保障）4条2項参照）。

　次に、職員が病気により、それが治癒しても職務を遂行できないこと又は休職期間中に治癒しないことが明らかになったときには、分限免職が行われ

ます（地公法28条1項2号）。なお、公務災害を受けて療養のために休業している期間中は給与の全額が支給され、その後30日を経過するまでは、その職員を免職することはできません（労基法19条1項）。ただし、療養の開始後3年を経過した日に傷病補償年金を受けている場合又は同日後に疾病補償年金を受けることとなった場合には免職されることがあります（地公災法18条の3）。

3 就業禁止

職員が伝染性の疾病など、一定の病気にかかったときは、その就業を禁止される場合があります（安衛法68）。病気を理由として職務を免除されることは病気休暇と同じですが、病気休暇は職員の勤務条件であるのに対し、この病者の就業禁止は、職場の安全衛生を確保するために職務命令によって行われる職員の服務上の措置です。この場合の給与上の取扱いは、病気休職の場合に準じているのが通例です。

4 試し出勤及び慣らし出勤

長期療養後の職員について、職場復帰に関する不安を緩和するなどして、職場復帰を円滑に行うことを目的として、病気（精神・行動の障害）による休暇や休職の期間中の職員について、復職（職場復帰）前に、元の職場などに一定期間継続して試験的に出勤をすること（「試し出勤」と称されます。）を認めるべきという議論があります。

これは、長期間職場を離れていた者が職場に復帰したときに、十分に働くことができず、症状が悪化して再度職場を離脱しなければならないことがあることを考慮したもので、民間においてある程度採用され、効果が見られることから、国においても導入されています。人事院が作成した実施要領によれば、その対象となるのは「精神・行動の障害による長期病休職員（引き続いて1か月以上の期間、病気休暇又は病気休職により勤務していない職員）で、主治医、健康管理医（精神科医又は心療内科医等の専門家であることが望ましい。以下同じ）及び健康管理者により復職可能と考えられる程度に回復した者のうち、『試し出勤』の実施を希望する者」です。実施時期は「病気休暇期間

中又は病気休職期間中で、職場復帰が可能と考えられる程度に回復した時期」とされ、実施期間は1か月程度（延長はおおむね2週間まで）、実施内容は「健康管理者が職員本人との話合いを行い、健康管理医、主治医及び受入先職場の管理監督者の意見も踏まえて決定すること」とされ、給与は病気休暇又は病気休職中の職員に対して支給されるもの以外は一切支給しないものとされています。

　この試し出勤により従事した職務が公務であるか否かについての明確な見解は示されていませんが、試し出勤中に災害を受けたときは、具体的な事情によって、公務上の災害又は通勤による災害に該当する場合があるとされています。このような試し出勤の性質からすると、それは職場離脱中の治療の一環としてのリハビリテーションであるとも考えられ、公務災害該当性だけでなく、それによって病状が悪化した場合の責任の所在や試し出勤中の安全配慮義務など、慎重に検討すべき問題が多くあります。

　なお、これと似て非なるものに「慣らし出勤」と称されるものがあります。これは、復職した者に対して行う軽減勤務のことであり、民間において導入されている実例がありますが、公務員については、そのようなことを可能にする勤務形態は構築されていません。

(3) 特別休暇

　特別休暇は、選挙権の行使、結婚、出産、交通機関の事故その他の特別の事由がある場合について、条例及びその委任に基づく人事委員会規則又は任命権者の規則で具体的に定められています。また、特別休暇は、職員の勤務条件であり、地公法35条に規定されている条例で定める職務専念義務の免除の一つです。特別休暇のほかに、直接同条に基づいて職務専念義務の免除に関する条例が定められ、その条例に基づいて職務専念義務が免除された場合に特別休暇に類似した取扱いがなされることがありますが、この職務専念義務の免除は服務上の措置として行われるものであり、勤務条件である特別休暇と区別されています（県費負担教職員については、服務の監督権は市町村教育委員会が有し（地教行法43条1項、2項）、勤務条件は都道府県の委員会が所管します（地教行法42条)。）。

特別休暇を得るためには任命権者の承認を受けなければなりません。職員には年次有給休暇のように形成権的効力を有する時季指定権があるわけではなく、任命権者の事前の承認（ただし、災害などやむを得ないときは事後の承認）が必要ですが、公民権の行使のための休暇並びに産前産後の休暇及び育児時間は必ず認められることになっています（労基法7条、65条、66条）。なお、職員が勤務しないときは、その勤務しない時間に応じて給料が減額されるのが原則（ノーワーク・ノーペイの原則）ですが、特別休暇については、給与条例において減額しない旨を定めていることが多いようです。

以下、特別休暇が認められる事由及びその期間などについて述べます。

a. 公民権の行使

職員が勤務時間中に選挙権その他公民としての権利を行使するために必要とする時間を請求した場合には、これを拒むことはできませんが、公民権の行使を妨げない限り、職員が請求した時刻を変更することができます（労基法7条）。選挙権の行使のための時間がこれに該当することに問題はありませんが、職員は公職の立候補を制限され、公職の候補者となったときは退職したことになるので（公選法89条1項、90条）、被選挙権の行使がこれに該当することはありません。ただし、公選法による立候補制限のない単純労務職員並びに企業職員及び独法職員（課長又はこれに相当する職以上の主たる事務所における職に在る者を除きます。）は在職のまま立候補できるので（公選法89条1項2号・5号、公選法施行令90条1項、3項）、これらの職員についての取扱いは特別休暇に関する規程（前記3(2)(56ページ)参照）で定めることになります。

また、これらの職員が公職に当選したときは、自治体の長や議員との兼職が禁止されているので（自治法92条2項、141条2項）、特別休暇の問題は生じませんが、国会議員の場合には兼職が禁止されていないので、必要な場合には特別休暇を認めることになるものと思われます。

検察審査会の委員となることも公民としての権利であり義務ですが、職員はその職務を辞することができるとされています（検察審査会法8条3号）ので、そのための特別休暇を認めるかどうかは任命権者の判断によることに

なります。

b. 証人などとしての出頭

　職員が勤務時間中に証人、鑑定人、参考人などとして国会、裁判所、自治体の議会その他官公署へ出頭し、又は裁判員として刑事裁判に参加しなければならない場合には、それに必要な日時について特別休暇が認められます。刑事事件の証人としての召喚（刑訴法143条）、民事事件の証人としての呼出し（民訴法190条）や議会による調査の証人としての出席（自治法100条1項）、人事委員会又は公平委員会の審査請求の審査の証人としての出頭（地公法8条6項）などのように法律に基づく義務がある場合の特別休暇については問題ありませんが、警察官から参考人として任意の同行（警職法2条2項）を求められたような場合には、個別の事情に応じて特別休暇を認めるかどうかが判断されます。なお、職員が説明のために議場に出席すること（自治法121条）は、職務として行うものですから、特別休暇が問題となることはありません。

c. 骨髄液の提供

　血友病などの治療のため健康な提供者（ドナー）の骨髄液を患者に移植するために、職員が骨髄液の提供者として登録や検査を行い、あるいは実際に骨髄液を提供するために必要な日時について特別休暇が認められています。この特別休暇は公益上の目的で認められるものであり、配偶者、父母、子及び兄弟姉妹のためにする骨髄液の提供は、個人的な関係によるものであることから、この特別休暇の対象にはなりません。

d. ボランティア活動

　職員が自発的に、かつ報酬を得ないで次に掲げる社会に貢献する活動（もっぱら親族に対する支援となるものを除きます。）を行う場合で、そのために勤務しないことが相当である場合に特別休暇が認められており、その日数は1の年において5日以内とされています。

　具体的には次のものが想定されています。

① 地震、暴風雨、噴火などにより相当規模の災害が発生した被災地又はその周辺の地域における生活関連物資の配布その他の被災者を支援する活動
② 障害者支援施設、特別養護老人ホームその他の主として身体上もしくは精神上の障害がある者もしくは負傷し、もしくは疾病にかかった者に対して必要な措置を講ずることを目的とする施設であって相当と認められるものにおける活動
③ 身体上もしくは精神上の障害、負傷又は疾病により常態として日常生活を営むのに支障がある者の介護その他の日常生活を支援する活動

e. 結婚

職員の結婚のための挙式、旅行などに必要とされる期間（連続する5日の範囲内）について認められる特別休暇であり、一定の期間内（例えば、結婚の日の5日前の日からその結婚の日の後1か月を経過する日までの間）に限って認められます。結婚は初婚・再婚を問いません。また、連続する5日とは、例えば、金曜日から結婚休暇を取得する場合は土・日曜日を加えた翌週の火曜日までとなります。

f. 忌引

職員の近親者が死亡した場合に、葬儀、服喪などのために認められる特別休暇です。この休暇が認められる親族の範囲及びそれぞれについての日数は、配偶者及び父母の場合が連続する7日、子の場合が5日、おじ又はおばの配偶者の場合が1日などと、職員との関係に応じて定められています。

g. 父母の祭日

父母の死後一定期間内（例えば15年以内）に法事などの追悼をするために1日の範囲内で認められる特別休暇です。

h. 夏季休暇

7月から9月までの間に、盆の行事、心身の健康、家族とのふれ合いなど

を行うために連続する3日の範囲内で認められる特別休暇です。連続する3日は、週休日、休日及び代休日を除いて暦日によるものであり、例えば週休日に続けて、あるいはこれをはさんで夏季休暇を得たときは、連続5日間の夏休みになります。なお、やむを得ない場合には1暦日ごとに分割することも認められます。

i. 災害による住居の重大な被災

　地震、水害、火災その他の災害によって職員の現在の住居が滅失又は損壊した場合にその復旧などのために連続する7日の範囲内で認められる特別休暇のことです。ここでいう災害には、暴風、豪雨などによる地すべり、豪雪、噴火、爆発などが含まれます（災対法2条1項）。

j. 災害のための交通途絶による出勤不能及び退勤時の危険回避

　災害又は交通機関の事故などにより列車、バスなどの運行が停止し、あるいは道路の決壊や洪水などのために車両や船又は徒歩による通行が不能となり出勤することができなくなった場合、及び災害による被害の拡大や交通の混乱が予想されて退勤時に職員の身体に危険が及ぶおそれがある場合に、必要と認められる期間について、認められる特別休暇です。後者については、女子職員の早退をまず行うなど、状況に応じて対応することになります。

（4）出産及び育児のための休暇や休業等
1 産前産後の休暇

　6週間（双生児など多胎妊娠の場合は14週間）以内に出産する予定の女子職員の請求があった場合及び出産の日から8週間を経過する日までの期間（ただし、産後6週間を経過した者が就業を申し出た場合で医師が支障がないと認めた業務に就くときはそれまでの期間）については、それぞれ就業させてはならないとされており（労基法65条1項、2項）、この期間が特別休暇として定められているのが普通です。

　産前の休暇は当該女子職員の請求によるものですが、産後の休暇はその請求の有無にかかわらず就業が禁止され、妊娠中の女性が請求した場合には、

他の軽易な業務に転換させなければなりません（労基法65条3項）。また、妊娠中の女性及び産後1年を経過しない女性が請求した場合には、労基法が定める1日8時間又は1週間40時間の労働時間を超えて労働させたり、1週間1日の休日に労働をさせることは禁止され、深夜勤務をさせることもできません（労基法66条）。

2 妻の出産のための休暇

妻（事実上の婚姻関係にある者を含みます。）が出産する場合に、配偶者である男子職員が付添いなどをするために2日の範囲内で特別休暇が認められます。一定の期間内（例えば、出産のために入院などをする日から出産の日後2週間を経過する日まで）に限って認められるものであり、1日ずつ分割することもできます。これは、法律に基づくものではありませんので、公務の都合により、承認されないこともあり得ます。

3 妻の出産に伴う子の養育のための休暇

妻が出産する場合において、当該出産に係る子又は小学校就学の始期に達するまでの子（妻の子（いわゆる「連れ子」のことです。）を含みます。）を養育する男子職員が、これらの子の養育のため勤務しないことが相当であるときに5日の範囲内で特別休暇が認められます。この特別休暇は、出産予定日の6週間（多胎妊娠の場合は14週間）前の日から当該出産の日後8週間を経過する日までの期間に限って認められますが、これは、法律に基づくものではありませんので、公務の都合により、承認されないこともあり得ます。

4 育児時間

1日2回それぞれ30分以内、生後満1年に達しない子を育てる職員がその保育のための授乳などを行うために認められる特別休暇ですが、女性については労基法67条が職員の権利、使用者の義務として定めています。

実際に子を育てている限り、養親にも認められます。なお、男子職員がこの特別休暇を取得する場合には、その取得しようとする日において、当該職員以外の親（同一自治体の職員である必要はありません。）がこの特別休暇（こ

れに相当するものを含みます。）を承認され、又は労基法第67条1項の規定に基づく育児時間を取得したときは、1日1回について、それぞれ30分から当該承認又は取得に係る各回の時間を差し引いた時間がこの特別休暇の上限となります。

5　子の看護のための休暇

　小学校就学の始期に達するまでの子（配偶者の子を含みます。）を養育する職員について、負傷し、もしくは疾病にかかった当該子の世話又は当該子に予防接種又は健康診断を受けさせるために、1年間に5日（子が2人以上の場合は10日）の範囲内で休暇を取得することができます。これは、自治体においては特別休暇として定められていますが、本来は、育休法が定める制度であり、業務に支障がない限り承認されることとされています（同法61条7項～11項）。この制度の対象となる職員には、短時間勤務職員が含まれるほか、次のいずれにも該当しない非常勤職員が含まれます（同法16条の3第2項、6条1項、同法施行規則8条）。
①　当該地方公共団体に引き続き雇用された期間が6か月に満たない者
②　1週間の所定労働日数が2日以下の者

　なお、この休暇は、1日の所定労働時間が4時間を超える職員については、半日（1日の所定労働時間数（日によって所定労働時間数が異なる場合には、1年間における1日平均所定労働時間数とし、1日の所定労働時間数又は1年間における1日平均所定労働時間数に1時間に満たない端数がある場合は、1時間に切り上げるものとします。）の2分の1）単位で、始業の時刻から連続し、又は終業の時刻まで連続して取得することができます（育休法施行規則90条、91条）。

6　育児休業

a. 育児休業

　職員は、任命権者の承認を受けて、当該職員の3歳に満たない子（特別養子縁組の監護期間中の子及び養子縁組里親に委託されている子で条例で定める者を含みます。）を養育するためその子が3歳に達する日（非常勤職員にあって

は当該子の事情に応じ、1歳に達する日から1歳6か月（特に必要があるとして条例で定める場合は2歳）に達する日までの間で条例で定める日）まで、育児休業ができるとされ、その承認を受けるための請求に際しては、育児休業をしようとする期間の初日及び末日を明らかにしなければならず、任命権者は、当該請求に係る期間について当該請求をした職員の業務を処理するための措置を講じることが著しく困難である場合以外は承認しなければならないとされています。ただし、職員であっても、職員の育児休業に伴い任期付きで採用された再任用短時間勤務職員、臨時的に任用される職員その他その任用の状況がこれらに類する職員として条例（独法職員については設立団体の条例（地方独法法53条5項））で定める職員はこの対象になりません。また、子の出生の日から人事院規則で定める期間（57日間）を基準として条例で定める期間内に当該子について最初の育児休業をした職員（当該期間内に産後休暇を取得した職員を除きます。）を除いて、すでに育児休業をしたことがある職員は、条例で定める特別の事情がなければ、育児休業をすることはできません（以上について、地公育休法2条、人事院規則19−0（職員の育児休業等）4条参照）。

　育児休業をしている職員は、条例で定める例外的な場合を除いて、1回だけ期間の延長を請求することができ（地公育休法3条）、育児休業を開始した時に就いていた職又は育児休業期間中に異動した職を保有しますが、職務に従事せず、その期間については給与が支給されません（期末手当及び勤勉手当については条例の定めるところによります。地公育休法4条、7条）。また、育児休業の承認は、当該育児休業をしている職員が産前の休業をはじめ、もしくは出産した場合、当該職員が休職もしくは停職の処分を受けた場合又は当該育児休業に係る子が死亡し、もしくは当該職員の子でなくなった場合には、その効力を失い、任命権者は、育児休業をしている職員が当該育児休業に係る子を養育しなくなったことその他条例で定める事由に該当すると認めるときは、当該育児休業の承認を取り消すものとされています（地公育休法5条）。

　なお、企業職員及び単純労務職員並びに独法職員については、育児休業期間中の給与の不支給に関する規定（地公育休法4条2項）、期末手当等の支給に関する規定（地公育休法7条）及び職場復帰後における給与などの取扱い

に関する規定（地公育休法8条）は適用されません（地公企法19条1項、地公労法附則5項、地方独法法53条1項3号）。これは、これらの職員については給与条例主義（地公法24条6項）の適用がないという形式的な理由によるものであり、これらの規定と異なる取扱いをしてもよいという意味ではありません。

b. 部分休業

　任命権者（県費負担教職員については、市町村の教育委員会）は、職員（育児短時間勤務職員その他その任用の状況がこれに類する職員として条例で定める職員を除きます。）が請求した場合において、公務の運営に支障がないと認めるときは、条例の定めるところにより、当該職員がその小学校就学の始期（非常勤職員（再任用短時間勤務職員を除きます。）にあっては3歳）に達するまでの子（特別養子縁組の監護期間中の子及び養子縁組里親に委託されている子で条例で定める者を含みます。）を養育するため1日の勤務時間の一部（2時間を超えない範囲内の時間に限ります。）について勤務しないこと（「部分休業」といいます。）を承認することができ、この勤務しない時間については、減額して給与を支給するものとされています（地公育休法19条）。

　この部分休業は、正規の勤務時間の始め又は終わりにおいて、30分を単位として行うものとされ、育児時間を承認されている職員に対する部分休業の承認については、1日につき2時間から当該育児時間を承認されている時間を減じた時間を超えない範囲内で行われます（人事院規則19－0（職員の育児休業等）29条参照）。

　なお、この部分休業に関する地公育休法19条は、企業職員及び単純労務職員並びに独法職員には適用されません（地公企法39条1項、地公労法附則5項、地方独法法53条1項3号）が、その理由は育児休業中の給与の不支給に関する規定などが適用されないことと同じです。

c. 育児短時間勤務

　育児短時間勤務の制度は、小学校就学の始期に達するまでの子（特別養子縁組の監護期間中の子及び養子縁組里親に委託されている子で条例で定める者を

含みます。）を養育するために正規の勤務時間よりも短い勤務時間による勤務を認めることを内容とするものであり、具体的には次のようになっています。

(a) 勤務日数及び勤務時間

　職員（非常勤職員、臨時的に任用される職員その他これに類する職員として条例で定める職を除きます。）は、任命権者の承認を得て、小学校就学の始期に達するまでの自分の子を養育するため、その子が就学の始期に達するまで、常時勤務を要する職（正規の勤務時間の勤務を要求される職）を占めたままで、次のいずれかの勤務の形態（それぞれの末尾のかっこ書は、週間勤務時間を38時間45分とした場合のそれぞれの勤務形態です。）によって、その希望する日及び時間帯において勤務することができるとされています（地公育休法10条1項本文）。

① 日曜日及び土曜日を週休日（勤務時間を割り振らない日をいいます。）とし、週休日以外の日において1日につき10分の1勤務時間（当該職員の1週間当たりの通常の勤務時間（「週間勤務時間」といいます。）に10分の1を乗じて得た時間に端数処理（5分を最小の単位とし、これに満たない端数を切り上げることをいいます。）を行って得た時間をいいます。）勤務すること（1日3時間50分、週5日勤務）

② 日曜日及び土曜日を週休日とし、週休日以外の日において1日につき8分の1勤務時間（週間勤務時間に8分の1を乗じて得た時間に端数処理を行って得た時間をいう。）勤務すること（1日4時間50分、週5日勤務）

③ 日曜日及び土曜日並びに月曜日から金曜日までの5日間のうちの2日を週休日とし、週休日以外の日において1日につき5分の1勤務時間（週間勤務時間に5分の1を乗じて得た時間に端数処理を行って得た時間をいいます。）勤務すること（1日7時間45分、週3日勤務）

④ 日曜日及び土曜日並びに月曜日から金曜日までの5日間のうちの2日を週休日とし、週休日以外の日のうち、2日については1日につき5分の1勤務時間、1日については1日につき10分の1勤務時間勤務すること（7時間45分勤務の日が2日、3時間50分勤務の日が1日の勤務）

⑤ 交代制勤務やフレックスタイム制勤務等のため日曜日及び土曜日を週休日としない職員については、1週間当たりの勤務時間が5分の1勤務時間に2を乗じて得た時間に10分の1勤務時間を加えた時間（18時間30分）から8分の1勤務時間に5を乗じて得た時間（24時間10分）までの範囲内の時間となるように条例で定める勤務の形態

また、企業職員及び単純労務職員並びに独法職員については、前記⑤の勤務形態を地方公営企業の管理者（独法職員については理事長）が定めることになります（地公企法39条5項、地公労法17条1項・法附則5項、地方独法法53条5項）。

ともあれ、育児短時間勤務の承認を受けようとする職員は、条例で定めるところにより、育児短時間勤務をしようとする期間（1か月以上1年以下の期間に限ります。）の初日及び末日並びにその勤務の形態における勤務の日及び時間帯を明らかにして、任命権者に対し、その承認を請求し、その請求を受けた任命権者は、当該請求に係る期間について当該請求をした職員の業務を処理するための措置を講ずることが困難である場合を除き、これを承認しなければなりません（地公育休法10条23項）。このことは、職員の希望が無条件に受け入れられるわけではなく、あくまでも任命権者の承認が得られることが条件であり、任命権者は、当該職員が勤務しないこととなった場合に、その担当すべき業務が円滑に処理できるような措置ができないときは、その希望に沿った勤務形態を認めないとすることもできることを意味します。また、このことは、任命権者が条例の定めを超えて勤務の日及び時間を類型化し、その類型以外の勤務の形態を認めないこととしてはならないということでもあり、類型化するとしても、それはあくまでも職員が承認申請をする際の便宜のためにすぎないことを意味します。

なお、承認を受けた育児短時間勤務の期間の延長を請求することができますが（地公育休法11条）、いったん期間が満了し、通常の勤務に復した場合は、条例で定める特別の事情がない限り、その期間が終了した日の翌日から起算して1年を経過しない間における再度の育児短時間勤務は認められません（地公育休法10条1項ただし書）。

(b) 給与・手当の取扱い

　育児短時間勤務職員の給与などの取扱いについては、育児短時間勤務をしている国家公務員の給与、勤務時間及び休暇の取扱いに関する事項を基準として、給与、勤務時間及び休暇の取扱いに関する措置を講じなければならないとされ（地公育休法14条）、退職手当についても、育児短時間勤務をした国家公務員の退職手当の取扱いに関する事項を基準として、退職した場合の退職手当の取扱いに関する措置を講じなければならないとされています（地公育休法15条）。これらの規定は、企業職員及び単純労務職員並びに独法職員には適用されません（地公企法39条１項、地公労法附則５項、地方独法法53条１項３号）が、これは、これらの職員については給与条例主義（地公法24条５項）の適用がないという形式的な理由によるものであり、考え方は共通です。

（5）介護休暇（休業）

　自治体においては、介護休暇という名称の特別休暇を定めていることが多くみられますが、それは、育休法が定める介護休業（同法61条３項～６項）を条例化したものであり、同法よりも厳しい要件を定めている場合は、同法の定めるところによることになります。

　介護休暇が認められる介護の対象者の範囲は、配偶者（内縁関係にある者を含みます。）、父母、子及び配偶者の父母並びに同居している祖父母、孫、兄弟姉妹、父母の配偶者、配偶者の父母の配偶者、子の配偶者及び配偶者の子（条例の方がこれよりも対象者の範囲を限定していることもあるようです。）であり、介護休暇は、これらの親族が２週間以上にわたって負傷、疾病又は老齢（条例では「身体上又は精神上の障害」と表現されていることが多いようですが、意味は同じです。）によって日常生活を営む上で支障がある者（「要介護家族」といいます。育休法61条３項）の介護のために勤務しないことが相当である場合に認められるものですが、子どもの普通の風邪など短期間の病気の看護や通常の養育は対象になりません。

　また、この休暇は「当該介護を必要とする一の継続する状態」ごとに、３回を超えず、かつ、合算して93日を超えない範囲内で指定する期間（「指定

期間」といいます。）内において必要と認められる期間について取得することができ（合算して93日の範囲内であれば、3つの期間に分割して取得することが可能です。）、要介護者が複数の場合はそれぞれについて与えられます。さらに要介護者の症状がいったん治癒して職務に復帰した後、同一人について別の負傷、疾病などが発症したときにはあらためて取得することができます。なお、一の要介護者に複数の病気がある場合であっても、介護を必要とする状態が継続しているかぎり、3回を超えず、93日の期間内で認められるものであり、要介護者が複数であっても1回の請求で93日を超える休暇を取得することはできません。

　介護休暇は、事前（例えば、介護を始めようとする日の前日から起算して1週間前の日まで）に承認を受けなければならないものであり、連続する6か月の期間内において必要に応じて1日又は1時間を単位として取得することができます。介護休暇を得た職員は、その勤務しない時間の給料及び地域手当が減額されます。月の初日から末日まで1日も勤務しなかったときは、給料の調整額及び通勤手当は支給されず、また、勤勉手当も介護休暇が30日（週休日を除きます。）を超える場合は期間率の計算においてその期間が除算されます。

　なお、非常勤の職員については、短時間勤務職員及びそれ以外の非常勤職員であって次のいずれにも該当する者には育休法が定める介護休業に関する規定が準用される（育休法61条6項、11条1項ただし書）ので、常勤の職員と同じ取扱いがなされることになります。

① 当該自治体に引き続き雇用された期間が1年以上である者
② 当該介護休業の開始日から起算して93日を経過した日の翌日から起算して6か月を経過するまでに任期（再度の任用がなされた場合は、その任期）が満了することが明らかでない者

（6）要介護家族の介護などのための休暇及び時間
1 休暇

　育休法61条16項は、要介護家族（上記（5）参照）の介護のための休暇に関する同条12項から15項までを職員について準用しています。この休暇は、

要介護家族の介護、対象家族の通院などの付添い、対象家族が対象サービスの提供を受けるために必要な手続きの代行その他の対象家族の必要な世話を行うため（同法16条の5第1項、同法施行規則38条）のものであり、職員は、1年につき5日（要介護家族が2人以上のときは10日）の日数を取得でき、任命権者又はその委任を受けた者は公務の運営に支障があると認められる場合を除いて、承認しなければなりません。なお、職員には、短時間勤務職員及びそれ以外の非常勤職員であって次のいずれにも該当しないものが含まれます（同法6条1項、16条の6第2項、61条16項、同法施行規則8条）。

① 当該自治体に引き続き雇用された期間が6か月に満たない者
② 当該休暇の申出があった日から起算して1年以内に雇用関係が終了することが明らかな労働者
③ 1週間の所定労働日数が2日以下の者

なお、この休暇は、1日の所定労働時間が4時間を超える職員については、半日（1日の所定労働時間数（日によって所定労働時間数が異なる場合には、1年間における1日平均所定労働時間数とし、1日の所定労働時間数又は1年間における1日平均所定労働時間数に1時間に満たない端数がある場合は、1時間に切り上げるものとします。）の2分の1）単位で、始業の時刻から連続し、又は終業の時刻まで連続して取得することができることになっています（育休法施行規則94条、95条）。

2 介護時間

育休法61条29項から32項は、職員（短時間勤務職員及び次のいずれにも該当しない非常勤職員を含みます。育休法23条3項・61条32項、育休法施行規則75条）の介護時間について定めます。

① 当該自治体に引き続き雇用された期間が1年に満たない者
② 1週間の所定労働日数が2日以下の者

すなわち、職員は、任命権者などの承認を受けて（この承認は、公務の運営に支障があると認められる時間を除き、拒むことができません。）、要介護家族の介護をするため、要介護家族の各々が同項に規定する介護を必要とする一の継続する状態ごとに、連続する3年の期間（当該要介護家族に係る指定期間

と重複する期間を除きます。）内において1日につき2時間を超えない範囲内で必要と認められる時間、勤務しないことができます。

（7）子どもの養育又は要介護家族の介護のための時間外勤務・深夜勤務の制限

　任命権者は、職員が子どもの養育又は要介護家族の介護のために必要であるとして申請したときは、公務の運営に支障がない限り、その職員について、正規の労働時間を超えて勤務しないこと、一定時間を超えて時間外勤務をしないこと、又は深夜勤務をしないことを承認しなければならないとされますが、その具体的な内容は次のとおりです。

① 　3歳に満たない子を養育する職員が当該子を養育するため又は要介護家族を介護する職員が、その養育又は介護のために請求した場合において、公務の運営に支障がないと認めるときは、その者について、正規の労働時間を超えて勤務しないことを承認しなければならない（育休法61条19項、20項）。ただし、短時間勤務職員以外の非常勤職員であって次のいずれかに該当する者については、この制限は適用されない（育休法16条の8、同法施行規則44条）。

　　a 　当該自治体に引き続き雇用された期間が1年に満たない者
　　b 　1週間の所定労働日数が2日以下の者

② 　小学校就学の始期に達するまでの子を養育する職員又は要介護家族を介護する職員が、その養育又は介護のために請求した場合において、公務の運営に支障がないと認めるときは、その者について、1か月について24時間、1年について150時間を超えて、労基法が定める労働時間を超え、又は休日に勤務しないことを承認しなければならない（育休法61条23項、24項）。ただし、次のいずれかに該当する者については、この制限は適用されない（育休法17条1項、同法施行規則52条）。

　　a 　当該自治体に引き続き雇用された期間が1年に満たない者
　　b 　1週間の所定労働日数が2日以下の者

③ 　小学校就学の始期に達するまでの子を養育する職員又は要介護家族を介護する職員が、その養育又は介護のために請求した場合において、公

務の運営に支障がないと認めるときは、深夜に勤務しないことを承認しなければならない（育休法61条27項、28項）。ただし、次のいずれかに該当する者については、この制限は適用されない（育休法19条1項、同法施行規則60条・61条）。

a　当該自治体に引き続き雇用された期間が1年に満たない者
b　16歳以上の同居の家族であって、次のいずれかに該当する者がいる者
　・午後10時から午前5時までの時間において就業していない者（深夜における就業日数が1か月について3日以下の者を含みます。）であること
　・負傷、疾病又は身体上もしくは精神上の障害により請求に係る子を保育することが困難な状態にある者でないこと
　・6週間（多胎妊娠の場合にあっては、14週間）以内に出産する予定であるか又は産後8週間を経過しない者でないこと
c　1週間の所定労働日数が2日以下の労働者
d　所定労働時間の全部が深夜にある労働者

（8）配偶者同行休業

　職員の配偶者（届出をしないが事実上婚姻関係と同様の事情にある者を含みます。）が、外国で勤務したり、外国へ留学したりした場合には、職員が退職しない限り、配偶者に同行して、居住を共にすることができないことになります。そのような不都合を生じさせず、仕事と家庭を両立させることを目的として配偶者同行休業の制度が設けられています。

　まず、職員から配偶者同行休業の申請があった場合、任命権者は、公務の運営に支障がないと認めるときは、条例で定めるところにより、当該申請をした職員の勤務成績その他の事情を考慮した上で、3年を超えない範囲内において条例で定める期間それを承認することができます（地公法26条の6第1項）。そして、条例の定める期間内であれば、1回に限って（条例で定める特別な事情があるときは1回に限りません。）、最初に承認された期間の延長を申請でき、任命権者は、公務の運営に支障がないこと及びその職員の勤務成

績その他の事情を考慮して、その延長を認めることができます（地公法26条の6第1項～4項）。配偶者同行休業の承認は、当該配偶者同行休業をしている職員が休職もしくは停職の処分を受けた場合又は当該配偶者同行休業に係る配偶者が死亡し、もしくは当該職員の配偶者でなくなった場合には、その効力を失い（地公法26条の6第5項）、配偶者同行休業をしている職員が当該配偶者同行休業に係る配偶者と生活を共にしなくなったことその他条例で定める事由に該当すると認めるときは、任命権者は、その承認を取り消すものとされています（地公法26条の6第6項）。

配偶者同行休業をしている職員は、その休業を開始した時に就いていた職又はその休業の期間中に異動した職を保有しますが、職務に従事せず、その休業をしている期間については、給与を支給しないとされています（地公法26条の6第11項、26条の5第2・3項）。しかし、配偶者同行休業をしている職員が従事していた職務に支障が生ずることを避けるために、職員の任用について、次のような特例が認められています。

すなわち、任命権者は、配偶者同行休業又はその期間の延長の申請があった場合において、当該申請に係る期間（「申請期間」といいます。）について職員の配置換えその他の方法によって当該申請をした職員の業務を処理することが困難であると認めるときは、条例で定めるところにより、当該業務を処理するため、次の各号に掲げる任用のいずれかを行うことができます（地公法26条の6第7項）。

① 申請期間を任用の期間の限度として行う任期を定めた採用
② 申請期間を任期の限度として行う臨時的任用（申請期間について1年を超えて行うことができません。）

これらの任期を定めて採用された職員については、地公法の臨時的任用に関する規定は、適用されず（地公法26条の6第10項）、任命権者は、条例で定めるところにより、その任期が申請期間に満たない場合にあっては、当該申請期間の範囲内において、その任期を更新することができ（地公法26条の6第8項）、任期を定めて採用した趣旨に反しない場合に限り、その任期中、他の職に任用することができる（地公法26条の6第9項）ことになっています。

7 安心して働く（職場の安全）

（1）安全配慮義務

　勤務条件としては、給与や勤務時間のように数字で表すことができるものが中心的な地位を占めていますが、安全かつ快適な職場環境の形成と維持も重要な要素です。判例（最高裁昭和50年2月25日判決・判例時報767号11頁）は、「国は、国家公務員に対し、その公務遂行のための場所、施設若しくは器具等の設置管理又はその遂行する公務の管理にあたって、国家公務員の生命及び健康等を危険から保護するよう配慮すべき義務（以下「安全配慮義務」という。）を負っているものと解すべきである。もとより、右の安全配慮義務の具体的内容は、公務員の職種、地位及び安全配慮義務が問題となる当該具体的状況等によって異なるべきものであ」るとしており、この理は地方公務員についてもそのまま当てはまります。

　ただ、この義務も無限定のものではなく、公用車の運行に起因する事故については、「車両の整備を十全ならしめて車両自体から生ずべき危険を防止し、車両の運転者としてその任に適する技能を有する者を選任し、かつ、当該車両を運転する上で特に必要な安全上の注意を与えて車両の運行から生ずる危険を防止すべき義務を負うが、運転者において道路交通法その他の法令に基づいて当然に負うべきものとされる通常の注意義務は、右安全配慮義務の内容に含まれるものではな」いとされています（最高裁昭和58年5月27日判決・判例時報1079号41頁）。

　ところで、安全配慮義務に関する法律としては、安衛法があり、そこでは「労働災害の防止のための危害防止基準の確立、責任体制の明確化及び自主的活動の促進の措置を講ずる等その防止に関する総合的計画的な対策を推進することにより職場における労働者の安全と健康を確保するとともに、快適な職場環境の形成を促進すること」が目的として掲げられ（1条）、事業者の責務として、「この法律が定める基準を守るだけでなく、快適な職場環境の実現と労働条件の改善を通じて職場における労働者の安全と健康を確保すること」が定められています（3条1項）。

　また、同法は、労働者の危険又は健康障害を防止するための措置（4章）

として、個別の業務における災害の防止のために必要な措置を種々定めていますが、その中で一般的に適用されるものとして、「事業者は、労働者を就業させる建設物その他の作業上について、通路、床面、階段等の保全並びに換気、照明、保温、防湿、休養、避難、及び清潔に必要な措置その他労働者の健康、風紀及び生命の保持のため必要な措置を講じなければならない」という規定（23条）をおいています。

いわゆるオフィス・オートメーションあるいはIT化の進行による事務機器の導入とその操作は、公務能率の向上に大きく寄与する反面において、職員の健康という観点からは必ずしも問題がないわけではありません。また、健康に対する意識の急速な高まりは、従来は当然のこととされていた職場における喫煙についても大きな問題を提起しています。法律論としての嫌煙権が認められるまでには至っていませんが、喫煙権が認められているわけでもなく、快適な職場環境という観点から種々の対応がなされています。

さらに、均等法は、「事業主は、職場において行われる性的な言動に対するその雇用する女性労働者の対応により当該女性労働者がその労働条件につき不利益を受け、又は当該性的な言動により当該女性労働者の就業環境が害されることのないよう雇用管理上必要な配慮をしなければならない」と定めます（11条2項）。これは、いわゆるセクシュアル・ハラスメントによる被害から女性労働者を守る義務が事業主にあることを明らかにするものですが、この規定を待つまでもなく、当然のことであるとともに、被害者が女性である場合に限らず、男性であっても、そのような被害から守られるべきことは言うまでもありません。また、職場における優越的な地位を利用した不当な要求や言動はパワー・ハラスメントと称され、そのような行為をした本人が民事・刑事上の責任を負うことがあるだけでなく、そのことを認識し、あるいは見過ごしていた使用者も相応の責任を問われることがあります。

（2）公務災害補償及び通勤災害補償

「職員が公務により死亡し、負傷し、もしくは疾病にかかり、もしくは公務による負傷もしくは疾病により死亡し、もしくは障害の状態となり、又は船員である職員が公務により行方不明となった場合において、その者又はそ

の者の遺族もしくは被扶養者がこれらの原因によって受ける損害は、補償されなければなら」ず、その「補償の迅速かつ公正な実施を確保するため必要な補償に関する制度が実施されなければならない」（地公法45条1項、2項）とされ、そのために地公災法が制定されています。この公務災害補償制度には、次に掲げる事項が定められなければならないとされています（地公法45条3項）。

① 職員の公務上の負傷又は疾病に対する必要な療養又は療養の費用の負担に関する事項
② 職員の公務上の負傷又は疾病に起因する療養の期間又は船員である職員の公務による行方不明の期間におけるその職員の所得の喪失に対する補償に関する事項
③ 職員の公務上の負傷又は疾病に起因して、永久に又は長期に所得能力を害された場合におけるその職員の受ける損害に対する補償に関する事項
④ 職員の公務上の負傷又は疾病に起因する死亡の場合におけるその遺族又は職員の死亡の当時その収入によって生計を維持した者の受ける損害に対する補償に関する事項

いかなる場合に公務上の災害と認められるかは、その公務と災害との間に相当因果関係があるか（公務に内在する危険が現実化したものか）否かによって判断されることになっており、具体的なケースによってはその判断が極めて難しい場合もありますが、地公災法に基づいて設立された地方公務員災害補償基金が一元的な処理をすることになっています。

また、通勤は公務そのものではありませんが、通勤途上の災害についても、公務上の災害に準じた補償がなされることとなっており、これは地公法の要請を超えた補償です。

（3）規制時間、有償時間、負荷時間

いわゆる過労死が社会的な問題となり、労働による精神的あるいは肉体的負荷の程度が問題になることが多くあります。従来は、もっぱら労働時間の概念を基礎として、それと精神的あるいは肉体的な障害との関係が論じられ

てきましたが、労働時間をどのように理解するのか自体に議論があり（自発的残業や持ち帰り残業など）、必ずしも共通の土俵におけるものとなっていませんでした。その理由は、過剰な労働を規制する議論においても、対価の支払い対象となる時間を議論するに際しても、精神的・肉体的な負荷を生ずる時間を論ずる際にも、同じ労働時間という言葉が使われていることにあるように思います。

過剰な労働を規制する基準としての時間は、もっぱら労基法が取り上げるところです（「規制時間」ということができます。）。対価の支払いの対象としての時間は、条例が定めるところであり（「有償時間」ということができます。）、精神的・肉体的負荷を生じる時間は、使用者の安全配慮義務や公務災害の認定に関して問題となります（「負荷時間」ということができます。）。

1 規制時間

労基法は、その32条で、「使用者は、労働者に、休憩時間を除き1週間について40時間を超えて、労働させてはなら」ず、「使用者は、1週間の各日については、労働者に、休憩時間を除き1日について8時間を超えて、労働させてはならない。」とし、変形労働時間や協定を締結することによるなどの例外（前記5（81ページ）参照）によらないで、これに違反した者には6か月以下の懲役又は30万円以下の罰金が科せられることになっています（労基法119条1号）。

ここで労働というのは、必ずしも現実に精神又は肉体を業務のために活動させていなくても、使用者の指揮監督の下にあること、言い換えれば、労働者が自由な状態にないこと（使用者の制約下にあること）をいうものです。労働者が使用者の指揮監督の下にあるのであれば、その指揮監督が不適切なことによって、労働者に不利益が生じたときに使用者責任が問題になるのは当然のことです。ただ、労基法が定める労働時間の規制は政策的な判断によって定められたものですから、それに違反したことが論理必然的に労働者に被害をもたらすわけではありません（割増賃金の不払いが生ずることは別の問題です。）。

2 有償時間

　労基法は、労働時間についての規制を実行あらしめるために、規制時間を超える労働に対する割増賃金の支払いを義務づけています（前記4（2）③（63ページ）参照）が、そもそも、規制時間内の労働に対する報酬の支払いを義務づけてはおらず（ただ、労働者の定義においては「賃金を支払われる者」としています。）、割増賃金の計算において、通常の労働時間及び労働日の賃金を基準とすると定めている（37条1項）だけです。そして、通常の労働時間及び労働日の賃金は、使用者と労働者の合意によって定められるものであり（労契法3条1項）、企業職員及び単純労務職員以外の職員にあっては条例で定められるものです（前記3（55ページ）参照）。さらに、給与条例（企業職員及び単純労務職員についての規程）においては、正規の勤務時間に対する対価として給料が位置づけられていますが、正規の勤務時間が割り振られている日であっても、勤務を要しない日があり、有給で勤務の義務を免れる日又は時間もあります（前記5（81ページ）及び6（87ページ）参照）。

　すなわち、給料（賃金）が支払われるか否かは、職員（労働者）が使用者の指揮監督下にあるか否かと直接の関係はなく、有償時間と規制時間は一致しないのです。

3 負荷時間

　使用者の指揮監督下に置かれているわけではないものの、精神又は肉体を自己に割り当てられた業務のために活動させることがあります。これは、知識やスキルアップのための自己啓発との区別が難しい場合が少なくありませんが、業務上の期限に間に合わせるために、定められた勤務時間外にしなければならない仕事があることも否定することはできません。これは、いわゆるサービス残業とか持ち帰り残業と称されるものです。裁判実務においては、この時間が労働時間に含まれるか否かという形で争われることが多いのですが、割増賃金の支払い義務の存否という争いであればともかく、安全配慮義務違反又は公務災害となるか否かが争われている場合には、異なる観点からのアプローチが必要なように思われます。

　すなわち、職員が自己に割り当てられた業務を遂行するために、上司の指

揮監督を離れて、当該活動をすることが社会通念上必要又は妥当であると認められる場合には、そのことについても上司が配慮すべきであるし、それがために精神的、肉体的に過重な負荷が生じ、災害が生じたのであれば、それによって生じた損害は使用者において保障すべきことになるものと考えられるのです。

第5章 ヒト（他人）のことが気になる（人事異動）

1 欠員の補充

　自治体の組織は、職制上の段階ごとに職が配置され、それぞれの職に職員が任命されて、「上司－部下」の関係が成立し、上司が部下を指揮監督するという形で事務が処理されます（前記第3章2（46ページ）及び3（48ページ）参照）。そこで、この職に欠員が生じたときは、新たな職員をその職に就けることが必要となりますが、このことについて、地公法17条1項は、「職員の職に欠員を生じた場合において、任命権者は、採用、昇任、降任又は転任の方法によって、職員を任命することができる。」と定めています。

　ここで「職員の職に欠員を生じた場合」というのは、その職に任命されている職員（多くの場合「その職を占める職員」と表現されます。）が存在しない場合だけでなく、当該職を占める職員が存在する場合であっても、その職員について、休業（地公法26条の5・26条の6、地公育休法2条）や休職（地公法55条の2第5項）が認められ、又は休職（地公法28条2項）もしくは停職（地公法29条1項）の処分がなされ、現実に職務を遂行することができる職員が存在しない場合を含むものと解されます。なお、育児短時間勤務職員の職については、一人の育児短時間勤務職員が占めている職についても他の一人の育児短時間勤務職員を任用できる（この任用を「並立任用」といいます。）とされています（地公育休法13条）。

　ところで、採用というのは、職員でない者を職員の職に任命する、すなわち、組織の外部から職員を補充すること（臨時的任用によることもできますが、それは地公法における採用の定義に含まれません。）であり、それについては、前記第1章4（26ページ）で詳しく述べました。昇任、降任又は転任というのは、現に職員である者をもって欠員となった職に就けることです（これを

「人事異動」又は単に「異動」といいます。）が、その中で最も一般的なものが転任、その次が昇任であり、降任の方法がとられるのは極めて稀です。

以下、順次、説明します。

（1）転任

転任というのは、職員をその職員が現に任命されている職と同等の職制上の段階の職に任命することであり（地公法15条の2第1項4号）、「任命権者が、職員の人事評価その他の能力の実証に基づき、任命しようとする職の属する職制上の段階の標準的な職に係る標準職務遂行能力及び当該任命しようとする職についての適性を有すると認められる者の中から行う」職務命令（地公法21条の5第1項、32条）です。

ある係に属する係員が他の係の係員に、ある課の課長が他の課の課長に任命されることがこれに当たります。通常は、それが転任であることが争いになることはありませんが、場合によっては、それが不利益処分（地公法49条1項）に該当するとして紛争になることがあります。すなわち、等級別基準職務表や標準職務遂行能力（前記第4章4（4）①（70ページ）及び（5）②（79ページ）参照）における位置づけが同じ職であっても、具体的な職務内容が異なったり、手当の関係から手取りの給与額が減少したり、勤務場所が変わったりすることがあり、そのような場合に、それが不利益処分であると主張されることがあります。

また、「任命しようとする職についての適性を有する」ことの判断は任命権者の広範な裁量に基づいてなされるものですが、具体的な任命行為が、不当な目的をもったものであるなど、裁量権の濫用によるものであるときは、取り消されるべきものとなることもあります。

これに関するリーディングケースは次の①の判例であり、最近の裁判例としては、②及び③があります。

① 私立中学校教諭が同一市内の他の中学校教諭に補する旨配置換えを命じられた場合において、当該配置換えがその身分、給料などに異動を生ぜしめるものでなく、客観的また実際的見地からみても、勤務場所、勤務内容などにおいて何らの不利益を伴うものでないときは、他に特段の

事情が認められない限り、転任処分の取消しを求める法律上の利益がない（最高裁昭和61年10月23日判決・判例時報1219号127頁）。
② 実態を伴わない市民健康相談室を設置し、市立病院の参事副院長の職にあった者を参事とし、市民健康相談室勤務を命じたこと（各種手当がなくなったことにより給与が月額約20万円の減となった。）が、給与において降格され、職務内容においても降格されたものであり、それは地公法49条1項の不利益処分に該当し、本件異動の必要性もなかったのであるから、裁量権を逸脱した違法なものである（東京地裁平成21年11月16日判決・判例時報2074号155頁）。
③ 異動の前後における職が同等の職制上の段階に属し、その職務内容についても職の上位下位が認められるような重要性の差異もないことから事実上の降任とも認められないし、転任は任命権者の裁量に任されているのであり、本件においては、社会通念上著しく妥当性を欠いているとも、裁量権を付与した目的を逸脱し、それを濫用したとも認めることができない（東京地裁平成26年1月27日判決及びその控訴審である東京高裁平成26年6月19日判決・公務員関係判決速報439号2頁・9頁）。

（2）昇任及び昇格

　昇任というのは、「職員をその職員が現に任命されている職より上位の職制上の段階に属する職員の職に任命することをいう。」（地公法15条の2第1項2号）とされ、「任命権者が、職員の受験成績、人事評価その他の能力の実証に基づき、任命しようとする職の属する職制上の段階の標準的な職に係る標準職務遂行能力及び当該任命しようとする職についての適性を有すると認められる者の中から行う」ものです（地公法21条の3第2項）。
　係員から係長に、係長から課長補佐に、課長補佐から課長に、課長から部長にというのが最も分かりやすい昇任の例でしょう。昇任の場合においても、「任命しようとする職についての適性を有する」ことの判断は任命権者の裁量によるものであり、その発令は職務命令としてなされるので、昇任を命じられた者がそれを拒否することはできません（不利益処分ではないから、不服申立をすることもできません。）。

ただ、「人事委員会規則で定める職（人事委員会を置かない地方公共団体においては、任命権者が定める職）に昇任させる場合には、当該職について昇任のための競争試験（以下「昇任試験」という。）又は選考が行われなければなら」ず、「昇任試験は、人事委員会又は任命権者の指定する職に正式に任用された職員に限り、受験することができる。」とされており（地公法21条1項、3項）、この昇任試験又は選考に応募するか否かは、その資格を有する職員の自由です。

なお、給与条例には昇給の基準に関する事項を定めなければならないとされていますが、それに劣らず重要なのが昇格の基準であり、そこでは等級別基準職務表において現に位置づけられている等級より上位の等級に位置づける（このことを「昇格」といいます。）ための基準が定められます（前記第4章4(5) ③（79ページ）参照）。等級別基準職務表と職制上の段階を示す標準職務遂行能力の区分を対比すると分かるように、等級別基準職務表における区分の方が職制上の段階の区分よりも細分化されているので（前記第4章4(4) ①（70ページ）参照）、「現に任命されている職より上位の職制上の段階に属する職員の職に任命」されること（昇任）は必然的に昇格を伴うことになります。

そして、昇格の基準においては、各等級ごとに、その等級に昇格するために必要とされるその直近下位の等級にある年数（「必要在級年数」といいます。）が定められていますので、その年数を経過しない限り、昇任もできないことになります。また、法律上の要請ではありませんが、各給料表に各等級それぞれの定数を定めることが好ましいとされており（給与法8条1項参照）、それが定められているときは、昇任（昇格）させることができる職員の数はその定数の範囲内に限られることになります。すなわち、昇任自体は任命権者の裁量の幅が極めて広いのですが、給与制度の面からする制約も大きいのです。

(3) 降任

降任というのは、「職員をその職員が現に任命されている職より下位の職制上の段階に属する職員の職に任命することをいう。」と定義され、欠員を

補充するための任命の方法の一つです。「任命権者は、職員を降任させる場合には、当該職員の人事評価その他の能力の実証に基づき、任命しようとする職の属する職制上の段階の標準的な職に係る標準職務遂行能力及び当該任命しようとする職についての適性を有すると認められる職に任命するものとする。」(地公法21条の5)とされていますが、当該職員の意に反する降任は次の事由がある場合に限られています(地公法27条2項、28条)。

① 人事評価又は勤務の状況を示す事実に照らして、勤務実績がよくない場合
② 心身の故障のため、職務の遂行に支障があり、又はこれに堪えない場合
③ ①②に規定する場合のほか、その職に必要な適格性を欠く場合
④ 職制もしくは定数の改廃又は予算の減少により廃職又は過員を生じた場合

このことは、降任が積極的な人事の一環としてなされるものではなく、現に任命されている職の職責に堪えられない職員の処遇として、又は廃職もしくは過員対策という定員管理のための分限処分としてなされるのであり、欠員を補充するための降任は、現実には起こり得ません。

なお、「現に任命されている職より上位の職制上の段階に属する職員の職に任命」されることは必然的に昇格を伴うことになりますが(上記(2)(116ページ)参照)、同一の職制上の段階に属する職員の職が等級別基準職務表において二つの等級に属することがありますので、「現に任命されている職より下位の等級別基準職務表における等級に属する職員の職に任命」されたとしても、職制上の段階としては同一であるということがおきます。このような任命は、降任には該当せず、「降格」と称され(給料表の号を下げる「降号」とは区別されます。)、分限処分の一つである降給に該当し、それを行うことができる事由は条例で定めることになります(地公法27条2項、28条2項。後記第9章2(4)(163ページ)参照)。

2　出向及び兼職

（1）出向

「教育委員会事務局へ出向を命ず。」とか「議会事務局へ出向を命ず。」というような発令がなされることがあります。これは、任命権者が交代することを通知するものであり、出向することを命ぜられた組織において、当該組織における任命権者が新たな職に任命することになります（前記第2章1（34ページ）参照）。したがって、「出向を命ずる。」ということ自体には法律的な意味はなく（新旧の任命権者が当該職員の送り出し、受入れに同意していることを知らしめる意味はあります。）、出向先の任命権者による任命が転任、昇任又は降任のいずれかに該当することになります。したがって、元の任命権者が「出向を解く。」という発令をしても、元の職に復帰することはありません。

（2）兼職

欠員を補充するために行われるのが転任ですが（前記1（114ページ）参照）、欠員はないものの、他の職を保有している職員の知識や経験を活用したり、他の職との連携を図るという目的で一人の職員を二つ以上の職に任命することがあります。これは、兼職又は併任と称され、同一の任命権者の下で行われることも、異なる任命権者の間でなされることもあります。職員は当該自治体との間において勤務を提供する義務を負っていますので（前記第2章1（34ページ）参照）、この発令を拒むことはできません。

兼職を命じられた職員は同時に複数の職を保有することになりますが、勤務時間が変更されるわけではないので、具体的な業務の遂行における時間の配分などについては、それぞれの職についての上司と相談する必要が生じます（いずれの職の業務も当該自治体がなすべき事務ですので、職務専念義務（前記第3章1（41ページ）参照）違反の問題は生じません。）。

また、予算の執行権が長に独占されていること（自治法194条2号）から、議会や委員会などに係る予算を議会や当該委員会の事務局で執行できるようにするために、その事務局の職員を長の職員と兼職させるという方法がとられることもあります。ただ、委員会などの執行機関については、それに係る

予算の執行の権限を当該執行機関の補助職員に委任し、又は補助執行させること（自治法180条の2）の方が普通です（議会については同条の適用がないので、この方法によることはできません。）。

補助執行を命じられた職員の場合は、自己が保有する職の業務に加えて、当該職には含まれない特に命じられた業務を処理することになります。兼職の場合も補助執行の場合も、長の権限に係る事項を専決で処理するのが通例ですが（委任及び専決の意味については前記第3章3（48ページ）参照）、それはあくまでも長の補助職員として行うものであり、それに対する監督責任は長が負うことになり、財務会計行為を行う職員の責任（自治法243条の2）を問う住民監査請求や住民訴訟（自治法242条、242条の2）においてはこのことが重要な意味を持つことがあります（後記第8章3（2）（152ページ）及び（3）（153ページ）参照）。

3 派遣

（1）自治体相互間の派遣

自治法252条の17は、自治体相互間における一般的な派遣制度について定めています（同条は普通地方公共団体について定めていますが、自治体の組合については、都道府県の加入する組合にあっては都道府県に関する規定が、市及び特別区の加入するもので都道府県の加入しないものにあっては市に関する規定が、その他のものにあっては町村に関する規定が準用され（自治法292条）、特別区については市に関する規定が準用されます（自治法283条1項）ので、結果として全ての自治体が対象となります。）。

ここで定められている派遣は、自治体の長又は委員会もしくは委員が他の自治体の長又は委員会もしくは委員に対し、当該自治体の職員の派遣を求めることによってなされるものです。この求めを受けた長などは、自己の職員に対して、派遣先の自治体における勤務を命ずる職務命令を発し、派遣先の自治体において採用の発令をすることによって、当該職員は、派遣をした自治体と派遣を受けた自治体の双方の職員の身分を有することとなります。

派遣された職員の身分取扱いに関しては、当該職員の派遣をした自治体の職員に関する法令の規定の適用があるのが原則ですが、協議によって、派遣

を受けた自治体の職員に関する法令の規定を適用することができるとされています（自治法252条の17第4項、同法施行令174条の25第3項）。

　また、その職員の給料、手当（退職手当を除きます。）及び旅費は、当該職員の派遣を受けた自治体が負担し、退職手当及び退職年金又は退職一時金は、当該職員の派遣をした自治体が負担するのが原則です。しかし、当該派遣が長期間にわたること等その他の特別の事情があるときは、当該職員の派遣を求める自治体及びその求めに応じて当該職員の派遣をしようとする自治体の長又は委員会もしくは委員の協議により、当該派遣の趣旨に照らして必要な範囲内において、当該職員の派遣を求める自治体が当該職員の退職手当の全部又は一部を負担することとすることができることになっています（自治法252条の17第2項）。

　この仕組みが利用されるのは、一部事務組合（企業団を含みます。）や広域連合にその構成団体から職員を派遣する場合がほとんどだと思いますが、それに限られるわけではなく、人材の不足する市町村に対する応援や研修を兼ねた人事交流のためにも利用されることがあります。

　なお、研修（地公法39条）のため、市町村が都道府県又は国に、都道府県が国に職員を派遣することがあり、当該職員は派遣元の職員としての身分を保有し、派遣元がその給与を支給し、派遣先では当該職員を採用しますが、給与を支給しないとする取扱いがなされることがあります。この場合における派遣先における採用は欠員を補充するためのものではなく、実務を行うための資格である当該派遣先の職員としての地位を付与するためのものであり、当該職員が派遣先での実務に従事することが、派遣元の自治体にとって、自己の職員が職務を離れて行う研修としての意味をもちます。

(2) 災害派遣

　平成23年（2011年）3月11日に発生した東日本大震災などの教訓を踏まえて、自治体相互間で、災害時における物資の供給、被災者の受入れ、職員の派遣などを内容とする相互応援協定などを締結する動きが広がっていますが、災対法は災害時における職員の派遣について特別の規定をおいています。

　すなわち、都道府県知事もしくは市町村長又は都道府県もしくは市町村の

委員会もしくは委員は、災害応急対策又は災害復旧のため必要があるときは、他の自治体に対してその職員の派遣を要請することができ（災対法29条）、その要請を受けた自治体は、その所掌事務又は業務の遂行に著しい支障のない限り、適任と認める職員を派遣しなければならないとされ（災対法30条）、派遣を受けた自治体は、派遣された職員に対し、災害派遣手当を支給することができることになっています（災対法32条1項）。なお、災害応急対策又は災害復旧のための派遣は、自治法252条の17の定めを前提とするものですから、派遣された職員の身分取扱い、給与などについては、前記（1）（120ページ）で述べたことがそのまま当てはまります。

また、都道府県知事は、当該都道府県の地域に係る災害が発生した場合において、災害応急対策を実施するため必要があると認めるときは、他の都道府県の都道府県知事に対し、応援を求めることができます。応援を求められた都道府県知事は、正当な理由がない限り、応援を拒んではならないとされ、その応援に従事する者は、災害応急対策の実施については、当該応援を求めた都道府県知事等の指揮の下に行動する（警察官にあっては、当該応援を求めた都道府県の公安委員会の管理の下にその職権を行います。）ものとされています（災対法74条）。この場合は、応援を求めた自治体の職員となるわけではなく、応援をする自治体の職員として、応援を求めた都道府県知事の指揮の下で業務を行うという特殊な形になります。

（3）第三セクター等への派遣

自治体は、地方道路公社、地方住宅供給公社及び土地開発公社などの特別の法律に基づく法人又は一般社団法人及び一般財団法人に関する法律や会社法などという一般法に基づく法人を通じて、各種の施策を展開することが多く、それを円滑に遂行するために、財政的だけでなく、人的な支援をも行うことが少なくありません。人的な支援について定めるのが「公益的法人等派遣法」であり、そこでは、①公益的法人等への職員派遣制度と②特定法人への退職派遣制度の二つの制度が定められています。

この法律で「公益的法人等」というのは、一般社団法人又は一般財団法人、一般地方独立行政法人、地方公務員共済組合や地方公務員災害補償基金など

の特別の法律により設立された法人で政令（公益的法人等派遣等に関する法律第2条第1項第3号の法人を定める政令）で定めるもの及び地方六団体（全国知事会、全国都道府県議会議長会、全国市長会、全国市議会議長会、全国町村会及び全国町村議会議長会）のうち、その業務が自治体の事務又は事業と密接な関連を有するものであり、かつ、自治体の施策の推進を図るため人的援助が必要であるものとして条例で定めるもののことです。

　公益的法人等への職員派遣制度は、任命権者が、これらの法人との間の取決めに基づき、その業務にもっぱら従事させるため、職員の同意を得て、当該職員を派遣するものです（公益的法人等派遣法2条1項、2項）。この場合における派遣期間は3年を超えることはできませんが、特に必要があるときは、職員の同意を得て5年まで延長することができます。その期間中も職員としての身分は保有しますが、自治体は給与を支給しないとされます（公益的法人等派遣法3条、4条、6条1項）。

　ただ、当該職員が派遣元の自治体の委託を受けて行う業務、当該自治体と共同して行う業務に従事する場合などには条例で定めるところにより、当該自治体が給与を支給することができることになっています（同法6条2項）。なお、これによる給与の支給に替えて、相手方の法人に対して、派遣された職員の給与相当額を委託料や補助金として交付することはできないとするのが判例（最高裁平成24年4月20日判決・判例時報2168号35頁）です。

　特定法人というのは、「当該地方公共団体が出資している株式会社のうちその業務が公益の増進に寄与するとともに地方公共団体の事務又は事業と密接な関連を有するものであり、かつ、地方公共団体の施策の推進を図るため人的援助が必要であるとして条例で定めるもの」のことです。

　特定法人への退職派遣制度は、任命権者が、当該法人との間の取決めに従って、その業務にもっぱら従事させるため、職員に退職を要請し、これに応じて退職した職員を当該業務に従事させるものであり、当該業務に従事すべき期間（3年以内に限ります。）が満了した場合などには、欠格条項に該当する場合その他条例で定める場合を除き、任命権者はその者を職員として採用するものとされています（公益的法人等派遣法10条）。

　そして、この二つの制度を通じて、共済制度における長期給付に関する規

定については派遣先の業務に従事する期間中においても適用することとされ、復帰後の職員の処遇などについては、部内の職員との均衡を失することのないよう、条例で定めるところにより必要な措置を講じ、または適切な配慮をしなければならないとされています（公益的法人等派遣法7条～9条、11条、12条）。

（4）海外の機関への派遣

　わが国の国際的地位の向上と国際化時代の進展に伴い、職員による発展途上国への農業その他の技術援助や海外の日本人学校への教員の派遣などが増えています。このような状況に対応して、任命権者は、当該職員の同意を得て、自治体と外国の自治体との間の合意もしくはこれに準ずるものに基づき又は次に掲げる機関の要請に応じ、これらの機関の業務に従事させるため、条例で定めるところにより、職員を派遣することができるとされています（外国派遣法2条）。

① 外国の自治体の機関
② 外国政府の機関
③ わが国が加盟している国際機関
④ ①～③に準ずる機関で、条例で定めるもの

　この制度によって派遣される職員は、派遣期間中もその身分を保有しますが、職務には従事せず、派遣の必要がなくなったとき及びその派遣の期間が満了したときは、職務に復帰するものとなっています（外国派遣法3条、4条）。また、派遣先の業務を公務とみなして、共済、公務災害補償及び退職手当の制度が適用されることとなっており、派遣期間中の給与等については条例で定めることとなっています（外国派遣法5条～7条）。

第6章 自分のことが気になる（人事評価及び研修）

1 人事管理の基礎としての人事評価

　職員は、自治体に勤務（労務）を提供し、その対価として給与（報酬）を得るものとされ、その勤務の量は時間単位で示されます（前記第4章4（1）（60ページ）及び（2）（61ページ）並びに5（81ページ）参照）。しかし、同一の時間を勤務しても、その質は様々であり、割り当てられた職務の完成度も同一ではありません。その結果、職員側からは「自分の仕事が正当に評価されていない」などの不満が、使用者側からは「十分な仕事をしていない」などの不満が出てくることがあります。このような不満が生じないようにするためには、勤務の実績が適正に評価されることが必要です。

　地公法は、「任用、給与、分限その他の人事管理の基礎とするために、職員がその職務を遂行するに当たり発揮した能力及び挙げた業績を把握した上で行われる勤務成績の評価」を人事評価と定義し（地公法6条1項かっこ書）、人事評価は公正に行われなければならず、任命権者は、それを任用、給与、分限などの人事管理の基礎として活用するものとしています（地公法23条）。

　人事評価は、能力を把握した上で行われる「能力評価」と、業績を把握した上で行われる「業績評価」とに分けることができます。その定義から明らかなように、いずれの評価もすでに完了した事実を振り返って評価するものであって、将来の可能性や潜在的な能力を評価することを目的とするものではない（これに対して、昇任のための競争試験及び選考は、昇任させようとする職に係る標準職務遂行能力を有するかどうかを判定することを目的としています（地公法20条1項、21条の4第1項）。）とされます。

　しかし、過去の実績と切り離して将来の可能性や潜在的な能力を評価することができないのも事実であり、人事評価は、昇任並びに降任及び転任に際

してなされる、任命しようとする職の属する職制上の段階の標準的な職に係る標準職務遂行能力及び当該任命しようとする職についての適正を有するか否かの判断材料の一つとされています（地公法21条の3、21条の5）。このことは、すでに完了した事実を振り返って評価した結果（人事評価の結果）をもって、これから任用しようとする職における標準職務遂行能力や適性を判断するのであり、人事評価自体において将来の可能性や潜在的な能力を評価するわけではないと説明されています。

2 人事評価の対象

任命権者（県費負担教職員については市町村委員会）は、職員の執務について人事評価を定期的に行わなければなりません（地公法23条の2第1項、地教行法44条）。

ここで「職員」というのは、地公法4条1項が定義する職員のことであり、正規任用職員だけでなく、条件付採用職員、臨時的任用職員、会計年度任用職員、非常勤職員、任期付採用職員、任期付研究員、再任用職員など、特別職に属する職員以外の全ての職員が含まれます。国家公務員については、非常勤職員（地公法28条の5の短時間勤務職員に相当する職員を除きます。）及び臨時的任用職員については人事評価を行わないことができるとしています（人事評価政令3条）が、地公法はそのような例外を認めていません。しかし、非常勤職員や臨時的任用職員についても任期の更新や再度の採用があり得るのですから、それらの職員を人事評価の対象外としなければならない理由はないでしょう。すなわち、人事評価の対象は職員の執務ですから、業績評価においてはもちろん、能力評価にあっても、潜在的能力や業務に関係のない能力、人格などは評価の対象とはなりませんが、その結果（過去の実績）をもって、昇任や条件付採用職員の正式任用、期限を定めて任用している職員の任期の延長や再度の任用の是非の判断材料とすることは差し支えありません（前記1（125ページ）参照）。

また、「定期的に人事評価を行わなければならない」とされますが、これは、全ての職員を対象として定期的に行われるもの以外の人事評価を否定する趣旨ではなく、条件付採用職員の条件付期間の満了又は任期付職員の任期

の更新に際しての人事評価、通常の人事異動の時期以外に特定の職への昇任や転任が必要となった際の人事評価など、適時適切に人事評価を行うことができますし、行うべきものでしょう。

　ところで、能力評価及び業績評価のいずれについても、その基準及び方法は全面的に任命権者に委ねられています（地公法23条の２）。そして、人事評価を行うに際しては、次のことに留意して行うべきであるとする総務省自治行政局長通知（平成26年８月15日付け総行公67号・総行経41号）があります。

① 　能力評価は、潜在的能力や業務に関係のない能力、人格などを評価するものではなく、当該能力評価に係る評価期間において職員が職務を遂行する中で、標準職務遂行能力の類型として、各任命権者が定める項目ごとに、当該職員が発揮した能力の程度を評価するものであること

② 　能力評価の評価項目などを定めるに当たっては、評価対象となる職員について、任命権者が定める標準職務遂行能力を有するかどうかを判断できる評価項目などとするとともに、その評価に資するよう、具体的な行動類型を着眼点として設けるなどの取組が適当であること

③ 　業績評価は、公務能率の向上や評価結果の客観性、納得性を確保するとともに、評価結果を人材育成に活用する観点から、評価者と被評価者とであらかじめ目標を設定した上でその達成度を評価する目標管理に基づくことが適当であること。その上で、必要に応じて設定目標以外のその他の業務実績も併せて評価できることとすることが望ましいこと。なお、目標設定においては、業務の実態に応じ、必ずしも数値目標のみならず、定性的な目標や効率化、業務改善などに着目した目標を設定するなどの必要な工夫を行うこと

　さらに、同通知は、「評価手法には、評価の分布制限を設けず、評価基準の達成度を客観的に評価する絶対評価と、あらかじめ評価の分布率を定め、分布率に沿って相対的に評価する相対評価があるが、国においては、『能力評価』『業績評価』とも、他の職員との比較ではなく、評価項目や設定された目標に照らして、職員一人ひとりの職務遂行能力や勤務実績をできる限り客観的に把握し、適切に評価する趣旨から、絶対評価による評価を行ってい

るところ、各地方公共団体においては、それぞれの地方公共団体の実情に応じた評価手法により評価を実施すること。なお、絶対評価の手法で評価を実施する場合であっても、評価結果の任用や給与への反映に当たっては、職や昇給・勤勉手当の成績率の制約上、評価結果を基にした部局相互間の調整や優先度の判断は必要となるものであること」とし、「人事評価に当たっては、人事評価制度の納得性を確保するため、被評価者自らの認識その他評価者による評価の参考となるべき事項について自己申告を行わせ、また、業績評価の目標内容の明確化や認識の共有を行うための期首面談や、原則として評価結果を開示して、被評価者に対して指導・助言を行うための期末面談などを行うことが適当であること。特に、評価結果が下位区分に該当する場合には、人材育成の観点からも、面談により改善に向けた助言・指導をするこ

図表　標準職務遂行能力と人事評価の関係

出典：総務省資料

とが重要であることに留意すること」としています。

　ちなみに、総務省における課長補佐の職についての標準職務遂行能力と人事評価の関係は128ページの図表のようになっています（平成26年（2014年）8月現在）。

3　人事評価に基づく措置

　任命権者は、人事評価の結果に応じた措置をとらなければならないとされますが（地公法23条の3）、このことが最も端的に表れるのは、過去の勤務実績に応じて決定される昇給及び勤勉手当の決定です。すなわち、昇給は、昇給日前1年間における勤務成績に応じて行われ（前記第4章4（5）③（79ページ）参照）、勤勉手当は人事評価の結果などに応じて決定される（前記第4章4（2）④（66ページ）参照）のです。

　また、昇任（地公法21条の3）、降任及び転任（地公法21条の5）及並びに分限（地公法28条1項1号）についても、人事評価がその基礎となることが法律に明記されています（前記第5章1（114ページ）及び第9章2（2）（158ページ）参照）。

4　研修

　職員の任用には期限の定めがないのが原則であり（前記第1章3（4）（15ページ）参照）、採用されてから、昇給や転任を繰り返し、昇任をし、退職に至るというのが通常のコースです。これは、採用後の勤務を通じて知識・経験を積み重ね、職務の遂行能力を向上させること（「キャリアの形成」とも称されます。）ができるという考え方によるものです。

　キャリアの形成のためには、単なる経験の積み重ねだけでなく、職員の自発的な努力による知識の習得などが重要であることは当然のことですが、使用者である自治体としては、人事評価を適切に行うだけでなく、個々の職員の能力の向上を図ることが、適材適所による公務の能率的な運営を行うためには欠かすことができません。職員の能力を向上させるためには、日常的な職務の遂行に際して、適時適切な指示や指導を行うこと（「オン・ザ・ジョブ・トレーニング（on the job training）」と称されます。）が基本です（前記の

総務省における課長補佐の標準職務遂行能力と人事評価の関係においては、標準職務遂行能力に「部下の育成・活用」が掲げられ、それに対応する人事評価の項目（着眼点）に「作業の割り振り」と「部下の育成」が挙げられています。）が、日常の職務を離れての研修（「オフ・ザ・ジョブ・トレイニング（off the job training）」と称されます。）も重要な意味をもちます。

　職員には、任命権者が行う研修（外部に委託して行うものも含みます。）を受ける機会が与えられなければならず、自治体は、研修の目標、研修に関する計画の指針となるべき事項その他研修に関する基本的な方針を定めなければならないとされており（地公法39条）、この研修は、日常の職務を離れての研修を意味します。ただ、この研修の機会が与えられなければならないというのは、任命権者に努力義務を課したものであり、この規定によって、職員が具体的な研修を受ける権利を取得するものではありません。なお、修学部分休業（地公法26条の2第1項）や自己啓発等休業（地公法26条の5）は、任命権者が用意するものではありませんが、当該職員の「公務に関する能力の向上に資すると認めるとき」に承認されるものであり、研修の一種であると理解されます。

　なお、教育公務員については、初任者研修、10年経験者研修、指導改善研修などの特別の定めがある（教育公務員特例法21条～25条の3）ほか、県費負担教職員については市町村委員会も行うことができるとされています（地教行法45条）。

5　自己啓発等

　任命権者が職員の研修を行わなければならないことは、前記4（129ページ）で述べたとおりですが、職員が自らの意思で職務遂行能力の向上に役立つ研鑽を積むことが望ましいことは論を俟ちません。そのことを推奨、促進するという見地から、地公法は就学部分休業及び自己啓発等休業について定め、大学以外の公立の学校の教諭などについては教特法が大学院修学休業について定めています。以下、順次説明します。

（1）修学部分休業

　修学部分休業というのは、職員（臨時的に任用される職員、任期付採用職員、再任用職員、会計年度任用職員及び非常勤職員を除きます。）が、大学その他の条例で定める教育施設における修学のため、当該修学に必要と認められる期間として条例で定める期間中、1週間の勤務時間の一部について勤務しないこと（「修学部分休業」といいます。）の申請をした場合に、任命権者が公務の運営に支障がなく、かつ、当該職員の公務に関する能力の向上に資すると認めて承認する休業です（地公法26条の2第1項）。

　この休業は、1週間の勤務時間の一部について勤務しないことを認めるものですから、通学等のために1日の勤務時間の一部を勤務しない場合だけでなく、1週間の特定の曜日だけ終日勤務しないということもあり得ます。そして、その勤務しない時間については、条例の定めるところによって、給与の減額がなされることになっています（地公法26条の2第3項）。なお、修学部分休業の承認は、該当する職員が休職又は停職の処分を受けた場合に、その効力を失う（地公法26条の2第2項）のは当然のことでしょう。

（2）自己啓発等休業

　自己啓発等休業というのは、職員（臨時的に任用される職員、任期付き採用職員、再任用職員、会計年度任用職員及び非常勤職員を除きます。）が、3年を超えない範囲内において条例で定める期間、大学等課程の履修（大学その他の条例で定める教育施設の課程の履修をいいます。）又は国際貢献活動（国際協力の促進に資する外国における奉仕活動（当該奉仕活動を行うために必要な国内における訓練その他の準備行為を含みます。）のうち職員として参加することが適当であると認められるものとして条例で定めるものに参加することをいいます。）のための休業申請をした場合に、任命権者が公務の運営に支障がなく、かつ、当該職員の公務に関する能力の向上に資すると認めて承認する休業です（地公法26条の5第1項）。

　自己啓発等休業をしている職員は、当該休業をしているときに就いていた職又は当該休業の期間中に異動した職を保有しますが、職務には従事しないので、その期間についての給与は支給されません（地公法26条の5第2項、

3項)。

　なお、自己啓発等休業の承認は、該当する職員が休職又は停職の処分を受けた場合に、その効力を失うのは修学部分休業と同じですが(地公法26条の5第4項)、さらに、職員が当該自己啓発等休業の承認に係る大学等課程の履修又は国際貢献活動を取りやめたことその他条例で定める事由に該当すると認められるときは、当該自己啓発等休業の承認が取り消されます(地公法26条の5第5項)。

(3) 大学院修学休業

　大学院修学休業というのは、公立の小学校等の主幹教諭、指導教諭、教諭、養護教諭、栄養教諭、主幹保育教諭、指導保育教諭、保育教諭又は講師(以下「主幹教諭等」といいます。)で次のいずれにも該当するものが、任命権者の許可を得て、3年を超えない範囲内で年を単位として定める期間、大学(短期大学を除きます。)の大学院の課程もしくは専攻科の課程又はこれらの課程に相当する外国の大学の課程(「大学院の課程等」といいます。)に在学してその課程を履修するためにする休業のことです(教特法26条1項)。

① 主幹教諭(養護又は栄養の指導及び管理をつかさどる主幹教諭を除きます。)、指導教諭、教諭、主幹保育教諭、指導保育教諭、保育教諭又は講師にあっては教育職員免許法に規定する教諭の専修免許状、養護をつかさどる主幹教諭又は養護教諭にあっては同法に規定する養護教諭の専修免許状、栄養の指導及び管理をつかさどる主幹教諭又は栄養教諭にあっては同法に規定する栄養教諭の専修免許状の取得を目的としていること

② 取得しようとする専修免許状に係る基礎となる免許状(教育職員免許法に規定する教諭の一種免許状もしくは特別免許状、養護教諭の一種免許状又は栄養教諭の一種免許状であって、同法別表第3、別表第5、別表第6、別表第6の2又は別表第7の規定により専修免許状の授与を受けようとする場合には有することを必要とされるもの)を有していること

③ 取得しようとする専修免許状に係る基礎となる免許状について、教育職員免許法別表第3、別表第5、別表第6、別表第6の2又は別表第7に定める最低在職年数を満たしていること

④　条件付採用期間中の者、臨時的に任用された者、初任者研修を受けている者その他政令で定める者でないこと

　大学院修学休業の許可を受けようとする者は、取得しようとする専修免許状の種類、在学しようとする大学院の課程等及び大学院修学休業をしようとする期間を明らかにして、任命権者に対し、その許可を申請しますが（教特法26条1項）、大学院修学休業をしている者が当該大学院修学休業の許可に係る大学院の課程等を退学したことその他政令で定める事由に該当すると認められるときは、その許可が取り消されます（教特法28条2項）。なお、大学院修学休業の許可は、当該大学院修学休業をしている者が休職又は停職の処分を受けた場合には、その効力を失い（教特法28条1項）、大学院修学休業をしている職員は、地方公務員としての身分を保有します（「職を保有する」と同趣旨です。）が、職務には従事せず、その期間についての給与が支給されない（教特法27条）のは、自己啓発等休業の場合と同じです。

第7章 知らないと困る（服務規律）

1　服務規律の根本

　「すべて職員は、全体の奉仕者として公共の利益のために勤務し、且つ、職務の遂行に当つては、全力を挙げてこれに専念しなければならない」（地公法30条）とされています（前記第3章1（1）（41ページ）参照）。これは、服務の根本基準と称され、職員としての基本的な心構えを定めたものであり、これを現実のものとするために、地公法は、服務の宣誓をはじめとして、職員が守るべき具体的な義務を定めています。

　これらの義務は、①職員がその職務の遂行に関して守るべき「職務上の義務」と、②職員がその身分を保有することに関して守るべき「身分上の義務」に分類されます。「職務上の義務」というのは、法令及び上司の職務上の命令に従う義務（地公法32条）、職務に専念する義務（地公法35条）及び争議行為等の禁止（地公法37条、地公企法39条1項、地公労法11条1項・同法附則5項）のことであり、「身分上の義務」というのは、信用失墜行為の禁止（地公法33条）、秘密を守る義務（地公法34条）、政治的行為の制限（地公法36条）及び営利企業等の従事制限（地公法38条）のことです。

　このような義務は、民間の雇用関係においては個別の労働契約又は就業規則等によって定められるものですが、公務員については、その職務の公共性、共通性のゆえに、法律に明文の規定が置かれたものです。また、特に争議行為等の禁止及び政治的行為の制限については、基本的人権の制限にもつながるものであるため、その内容を必要最小限に限定した上で、根拠を法律に置くことが必要です。これらの服務上の義務は、いずれも、公務を適正に執行し、住民の信頼を得せしめ、又はそれを失わないために課されたものであり、職務上の義務あるいは身分上の義務といっても、その具体的な判断に当たっ

ては職務との関連を十分に考慮する必要があることは共通です。

　このような観点からすると、地公法上の服務の規定（30条～38条）による職員の義務は、職務を開始する前に公務員としての心構えを明らかにする服務の宣誓（31条）と職務を円滑に遂行するための「職務遂行の義務」及び公務員として住民の公務に対する信頼を確保するための「信用保持の義務」とに分類して考えることができます。この分類は、前述の職務上の義務と身分上の義務に対応するものですが、政治的行為の制限は、信用保持の義務に加えて、若干特殊な意味を有しています。

　すなわち、服務の宣誓は、公務員になるに当たり、公務員としての誇りと自覚をもって職務を遂行することを誓うものであり、消極的に法令の規定を遵守するだけでなく、積極的に法令の規定に従い住民の福祉のために職務を行うという心構えを内外に明らかにするものです（前記第2章2（35ページ）参照）。また、「職務遂行の義務」というのは、公務員として、また、組織の一員として職務を遂行する上での基本的な義務であり、「信用保持の義務」というのは、民主主義の基本である公務及び公務員に対する住民の信頼を保持するために必要なことを具体的に示したものです。

　なお、「政治的行為の制限」というのは、知事又は市町村長という政治職の下で、あるいは議会の監視を受けながら職務を行うという公務員の特殊な立場に着目し、公務の中立性を確保することによって公務に対する信用を保持するとともに、不当な政治的圧力から職員を保護するためのものであり、職員に義務を課するとともに、職員に対する不当な圧力を排除することによって職員の身分を保障するという二重の意味をもつ特殊なものです。

　職務遂行の義務のうち、法令及び上司の職務上の命令に従う義務及び職務に専念する義務については前記第3章1（2）（42ページ）及び（3）（44ページ）で、信用保持の義務のうちの兼業の制限については前記第2章4（39ページ）で、それぞれ詳述したところです。争議行為等の禁止については、労働基本権に対する制限として後記第12章4（197ページ）で述べることとして、以下、信用保持の義務のうちの信用失墜行為の禁止及び秘密を守る義務並びに政治的行為の制限について述べます。

2　信用保持の義務

(1) 信用失墜行為の禁止

　職員は、その職の信用を傷つけ、又は職員の職全体の不名誉となるような行為をしてはなりません（地公法33条）。これは、職務の遂行に直接関係する場合はもちろんのこと、職務の遂行とは無関係であっても、その行為の結果として、当該職員の有する職に対する住民の信頼が損なわれ、あるいは、住民の公務全体に対する信用が失われた場合には、その後の公務遂行について、著しい障害が生ずるおそれがあることから、そのような結果を引き起こすような行為をしてはならないことを義務づけるものです。

　どのような行為が、この信用失墜行為に該当するかについては、この立法趣旨に照らして、具体的な事情について、ケース・バイ・ケースで判断することになります。一般的に言えば、罪を犯したような場合は当然にこれに該当することになるでしょうし、それ以外の場合であっても、刑罰法規に抵触しないまでも、公序良俗に反するような行為や住民が公務に対して著しい不信の念をいだくような行為をした場合は、これに該当することになります。この判断基準は、社会通念上その行為が許容されるか否かにあることから、公務あるいは公務員に対する社会的な意識の変遷によっても、交通法規に違反した場合についてみられるように、具体的な判断基準は変わっていきます。

　なお、国家公務員については、「職員が遵守すべき職務に係る倫理原則」として次の3項目が掲げられ（倫理法3条）、これに違反した場合は懲戒処分の対象となるとされます（国公法82条1項1号）。これらに違反するような行為の多くは、信用失墜行為又は全体の奉仕者たるにふさわしくない非行があった場合に該当し、このような規定をまつまでもなく、懲戒処分の対象となるものと解されます（後記第8章2（143ページ）参照）。

① 　職員は、国民全体の奉仕者であり、国民の一部に対してのみの奉仕者ではないことを自覚し、職務上知り得た情報について国民の一部に対してのみ有利な取扱いをするなど、国民に対し不当な差別的取扱いをしてはならず、常に公正な職務の執行に当たらなければならない。

② 　職員は、常に公私の別を明らかにし、いやしくもその職務や地位を自

らや自らの属する組織のための私的利益のために用いてはならない。
③　職員は、法律により与えられた権限の行使に当たっては、当該権限の行使の対象となる者からの贈与等を受けることなどの国民の疑惑や不信を招くような行為をしてはならない。

（2）秘密を守る義務

　職員又は職員であった者は、職務上知り得た秘密を漏らしてはならず、また、法令による証人・鑑定人などになった場合も、職務上の秘密に属する事項を発表するときには、任命権者（職員であった者については離職した職又はこれに相当する職にかかる任命権者）の許可が必要とされます（地公法34条）。これに違反して秘密を漏らした場合は1年以下の懲役又は3万円以下の罰金に処せられることになっています（地公法60条2号）。

　これは、職員が当該自治体の秘密を漏らすことによって、当該自治体の利益を害し、あるいは、職務の遂行上知り得た個人の秘密を漏らした結果、住民の行政に対する不信の念を引き起こすことになり、以後の行政の執行に重大な支障をきたすおそれがあることから義務づけられたものです。

　ここで秘密というのは、「非公知の事実であって、実質的にそれを秘密として保護するに値するもの」であり（国公法100条1項の「秘密」についての最高裁昭和53年5月31日判決・判例時報887号17頁）、「職務上知り得た秘密」とは、職員がその職務を遂行するに際して知り得た秘密をいい、「職務上の秘密」とは、職員の職務上の所掌に属する秘密をいいます。このことは、職務上の秘密は当然に職務上知り得た秘密に含まれ、職務上知り得た秘密には職務上の秘密とそれ以外の秘密が含まれていることを意味します。

　例えば、生活保護行政の担当者が把握した住民の所得は職務上の秘密ですが、家族の離婚歴や病歴等を知ることは職務そのものとは関係がないので、職務上知り得た秘密ではありますが、職務上の秘密ではありません。したがって、前者は任命権者の許可があれば開示することが許されますが、後者は任命権者の許可があっても、開示することは許されないことになります。

　なお、地方税法22条は、地方税に関する調査、租税条約の実施に伴う所得税法、法人税法及び地方税法の特例に関する法律の規定に基づいて行う情

報の提供のための調査又は地方税の徴収に関する事務に従事している者又は従事していた者が、その事務に関して知り得た秘密を漏らし、又は目的外に使用した場合は2年以下の懲役又は100万円以下の罰金に処すると定めていますが、ここでいう秘密というのは、地公法24条1項の職務上知り得た秘密と同じ意味であると解され、それを開示できる場合についての定めがないことが地公法上の守秘義務と異なります。

　ところで、地公法34条3項は、法令による証人、鑑定人などとして秘密を発表する場合の任命権者の許可は、法律に特別の定めがある場合以外は、拒んではならないとして、証人、鑑定人などとしての証言義務を優先させています。ここでいう法律に特別の定めがある場合としては、次のものがあります。

① 議会の証言及び記録の提出の請求の場合
　　発表を許可しない理由を疎明し、又は当該証言もしくは記録の提出が公の利益を害する旨の声明をしたとき（自治法100条4項～6項）
② 議院の証言及び書類の提出要求の場合
　　発表を許可しない理由を疎明し、又は当該証言もしくは書類の提出が国家の重大な利益に悪影響をおよぼす旨の内閣の声明があったとき（議院証言法5条2項、3項）
③ 刑訴法による証人、鑑定人、鑑定証人の場合
　　当該秘密の発表が国の重大な利益を害する場合（刑訴法144条、174条、177条）
④ 民訴法による証人、鑑定人、鑑定証人の場合
　　監督官庁の承認を得られなかった場合（民訴法272条、301条、309条）

　秘密を守る義務と密接に関連するものにプライバシーの保護の問題があります。前者は、その目的が行政そのものの利益を守り、あるいは行政に対する住民の信頼を守ることを目的にしているのに対し、後者は、住民が他人に私生活を干渉されないという利益を保護するものである点に違いがあります。しかし、秘密を漏らすことは、その漏らされた当人にとってはプライバシーを侵害されたことになることが多いと考えられ、秘密を漏らした職員に服務

規律違反の問題が生ずると同時に、当該職員及び自治体に国賠法や民法に基づく損害賠償責任が発生することもあり得ます。また、プライバシーの侵害は、必ずしも秘密とは言い難い情報の提供や公開によっても生じ得るのであり、特に各種の名簿などについては、それを公開することに慎重でなければなりません。

3　政治的行為の制限

職員は、次の行為（「政治的行為」といいます。）が禁止されます。
① 政党その他の政治的団体の結成に関与し、もしくはこれらの団体の役員となってはならず、又はこれらの団体の構成員となるように、もしくはならないように勧誘運動をすること（地公法36条1項）
② 特定の政党その他の政治的団体又は特定の内閣もしくは自治体の執行機関を支持し、又はこれに反対する目的をもって、あるいは公の選挙又は投票において特定の人又は事件を支持し、又はこれに反対する目的をもって行う次に掲げる行為（地公法36条2項）
　a　公の選挙又は投票において、投票をするよう、又はしないように勧誘運動をすること
　b　署名運動を企画し、又は主宰するなど、これに積極的に関与すること
　c　寄附金その他の金品の募集に関与すること
　d　文書又は図画を自治体の庁舎、施設などに掲示し、又は掲示させ、その他自治体の庁舎、施設、資材又は資金を利用し、又は利用させること
　e　その他条例で定める政治的行為

なお、これらの行為のうち、aからcとeの行為については、それらが職員の属する自治体の区域（職員が都道府県の支庁もしくは地方事務所又は政令指定都市の区に勤務するときは、その支庁、地方事務所又は区の所管区域）の中でのみ禁止されるのであり、その区域の外でこれらの行為を行うことは制限されません（地公法36条2項ただし書）。

また、何人も職員に対して禁止された政治的行為を行うことを求め、そそ

のかし、もしくはあおってはならず、又は職員がそのような行為をし、もしくはなさないことに対する代償もしくは報復として、任用、職務、給与その他職員の地位に関してなんらかの利益もしくは不利益を与え、与えようと企て、もしくは約束してはならない（地公法36条3項）とされ、さらに、「職員は、前項に規定する違法な行為に応じなかつたことの故をもつて不利益な取扱を受けることはない」（地公法36条4項）とされ、職員が政治的な圧力から免れることができるように配慮されています。

職員も有権者の一人として政治的行為を行うことができるのが原則であるにもかかわらず、このような制限がなされる第一の理由は、職員は全体の奉仕者であって、一部の奉仕者でない（憲法15条2項）ことから、特定の政党あるいは政治的団体のためにではなく、住民全体のために、中立の立場から、継続的かつ安定した行政を行う必要があることと、行政が公正に行われていることについて住民の信頼を喪失しないためです。第二の理由は、選挙で選ばれた首長の指揮監督の下で、選挙で選ばれた議員で構成される議会の監視の下で職務を行う職員について、政治的な影響力から保護することにより、職員が一党一派に偏することのないようにし、スポイルズ・システムに陥らせないためです（この制限が憲法に違反しないことについては、最高裁昭和49年11月6日判決（判例時報757号30頁）参照）。

これは、職員の政治的中立性を保障することによって、自治体の行政の公正な運営を確保するとともに職員の利益の保護をしようとするものです（地公法36条5項）から、政治的行為が職員組合などの組織における意思決定に基づいて行われる場合であっても、当該行為を行う職員は、この禁止に違反することになります。

なお、政治的行為の制限は、公務員の政治的中立性を確保する必要性に基づくものですから、職種による特殊性が認められるため、企業職員のうち政令で定める基準に従って自治体の長が定める職にある者以外の者及び単労職員については、この政治的行為の制限の規定は適用されないこととされ（地公企法39条2項、地公労法17条2項・同法附則5項）、政令（地方公営企業法第39条第2項の規定に基づき地方公共団体の長が定める職の基準に関する政令）では、政治的行為の制限の規定が適用される企業職員の範囲の基準が次のよう

に定められています。
① 地方公営企業の管理者及び職制上これを直接に補佐する職
② 地方公営企業の主たる事務所の局、部もしくは課又はこれらに準ずる組織の長及び職制上これを直接に補佐する職
③ 地方公営企業の営業所、出張所、附属施設その他これらに準ずる組織（営業所など）の長及び職制上これを直接に補佐する職並びに営業所などで大規模なものの局、部もしくは課又はこれらに準ずる組織の長及び職制上これを直接に補佐する職

第8章 知らないと危ない（職員の責任）

1　職員の責任の意味

　職員は、①地公法が定める服務規律に違反した場合に懲戒処分を受けることがあり、②違法な財務会計行為を行い、当該自治体に損害を与えた場合に損害賠償義務を負うことがあり、③公務の遂行に関して第三者に損害を加えた場合には当該被害者又は当該自治体に損害賠償義務を負うことがあるとともに、④職務に関する罪を犯した場合に刑事罰を負うことがあります。

　このうち、①は後記2（143ページ）で詳述する地公法27条1項及び3項並びに29条の、②は後記3（150ページ）で詳述する自治法243条の2の問題となります。③は、職員が故意又は過失により職務の遂行に関して第三者に損害を与えた場合であり、その職務が公権力の行使に関するときは、国賠法2条が適用され、職員個人は被害者に対する直接の損害賠償責任を負いませんが、場合によっては損害賠償を行った使用者としての自治体から求償されることがあります。それが公の権力の行使としての性質を有しないときは、民法709条が適用になり、職員個人も被害者に対する直接の損害賠償責任を負うことがあります。また、④は職員が罪を犯した場合であり、刑法などによる刑罰が科されることになります。

　懲戒処分は、国家がその一般的統治権に基づいて社会公共の秩序を維持するために科する刑事罰とはその性質を異にしています。すなわち、懲戒処分と刑事罰とは両立し得るものであって、互いに独立した存在です。国公法85条は、刑事裁判と懲戒処分の関係について、互いに独立であることを明記していますが、このような規定のない地公法においても、両者が併科されることがあります。なお、懲戒免職にする程ではないという非違行為があった場合に、停職あるいは減給の処分をし、その期間中に当該職員からの退職

の申出を受理することがありますが、この場合には、退職の発令により、停職あるいは減給の効力が消滅します。

なお、分限と懲戒は、身分保障という意味では共通していますが、その具体的な目的は異なっています。したがって、懲戒処分と刑事処分の関係におけるのと同様、同一の事由について分限処分と懲戒処分を併せて行うことも可能ですし、どちらか一方の処分だけを行うこともできます。また、すでに分限処分を受けている者に対して、別の事由により、懲戒処分を行うことやその逆を行うことも可能です。もちろん、どちらか一方の処分が免職であるときは、他の処分をする余地はありません。

2　懲戒処分

(1) 懲戒処分の対象となる事象

懲戒処分というのは、職員に非違行為があった場合になされる処分であって、その目的とするところは、当該職員の道義的責任の追及による服務規律の維持です。これは、単なる労使関係という見地からではなく、職員の本分は国民全体の奉仕者として公共の利益のために勤務することにあるという見地において、その責任を確認し、公務員関係の秩序を維持するために科される制裁です。

懲戒処分の根拠となるのは地公法29条1項から3項であり、地公法27条3項が「職員は、この法律で定める事由による場合でなければ、懲戒処分を受けることがない。」と定めていますので、地公法29条1項から3項に該当しなければ、懲戒処分を受けることはありません。懲戒処分について、分限処分の場合のように条例でその対象となる事由を定めること（後記第9章2(1)(157ページ)参照）が認められていないのは、懲戒処分は、分限処分に比べて、より大きな不利益をもたらすものであることから、法律でその対象となる事由を限定することにより、その身分保障としての機能を全うしようという考え方に基づくものです。

したがって、地公法29条1項に定める以外の懲戒処分を行うことはできず、訓告、注意などは、それが単に当該職員の自覚を促すだけであって、なんらかの制裁としての実質を有していない（職員に実質的な不利益を与えない）

ときに限って、地公法27条3項に違反しないことになります。なお、訓告、注意などを受けた場合に、勤勉手当、昇給、昇格に影響が生ずることがありますが、これは、訓告、注意などの効果ではなく、訓告、注意などを受ける原因となった事象が存在したことによるものです。

ところで、地公法29条1項は、職員が次の事由に該当する場合は、戒告、減給、停職又は免職の処分をすることができるとしています。

a．地公法もしくは地公法の特例を定めた法律又はこれに基づく条例、自治体の規則もしくは自治体の機関の定める規程に違反した場合

地公法の規定に違反したというのは、同法30条から35条の規定が定める職務上の義務に違反したことのほか

- 平等取扱いの原則に違反して差別したこと（13条）
- 能力の実証に基づかない任用をしたこと（15条）
- 競争試験を阻害し、又は不当な影響を与える目的で特別もしくは秘密の情報を提供したこと（19条1項後段）
- 職務上の秘密を漏洩したこと（34条）
- 争議行為等をし、又は共謀し、そそのかし若しくはあおり、又はそれを企てたこと（37条）

などのことです。また、地公法の特例を定めた法律の主なものとして、地公企法、地公労法、地教行法、教特法があります。

さらに、自治体の規則もしくは自治体の機関の定める規程というのは、長や委員会の規則（自治法15条、地教行法15条など）のほか、法律に基づいて委員会などが定める規程（自治法194条など。企業管理規程（地公企法10条）を含みます。）を意味します。そして、これらに違反したときは、同時に次のb.にも該当することが多いでしょうし、場合によってはc.にも該当することがあり得ます。

b．職務上の義務に違反し、又は職務を怠った場合

職務というのは当該職員が処理すべき事務のことであり、その職権を濫用したり、賄賂を受け取ったり、その約束をすることはもちろん、すべきこと

をしないこともこれに含まれます。また、部下の不祥事について上司の責任が問われることが少なくありませんが、これは監督責任が及ぶ範囲内でのことです。

c．全体の奉仕者たるにふさわしくない非行のあった場合
　前記a.又はb.に該当する場合のほとんどはこれにも該当しますが、職務外でなされた刑事罰の対象になり得る行為やそこまでいかなくても道徳的に非難されるべき非行がこれに該当します。特に、刑事罰の対象にならなくても、公務員であるということだけで社会的非難の程度が大きくなる（懲戒処分の対象となる）ことが少なくないことに注意が必要です。

（2）処分権者の裁量

　懲戒処分の対象となる事象は、分限処分の場合と異なり、全ての種類の懲戒処分に共通です。このことは、任命権者は、非違行為の程度（違法性の程度）及び当該職員の情状（責任の程度）によって、最も適当と思われる種類の懲戒処分を選択しなければならず、また、その選択についての裁量権を有することを意味しています。
　すなわち、懲戒処分をするに当たっては、当該処分事由に該当する行為の原因、動機、性質、態様、結果、影響などのほか、当該行為の前後における態度、懲戒処分などの処分歴、選択する処分が他の職員及び社会に与える影響など、広範な事情を総合的に考慮した上で、最も適当な種類の処分を選択することが必要となりますが、このことについて、最高裁昭和52年12月20日判決（判例時報874号3頁）は次のように述べています。

　　「懲戒権者は、懲戒事由に該当すると認められる行為の原因、動機、態様、結果、影響等のほか、当該公務員の右行為の前後における態度、懲戒処分等の処分歴、選択する処分が他の公務員及び社会に与える影響等、諸般の事情を考慮して、懲戒処分をすべきかどうか、また、懲戒処分をする場合にいかなる処分を選択すべきか、を決定することができるものと考えられるのであるが、その判断は、右のような広範な事情を総合的に考慮し

てされるものである以上、平素から庁内の事情に通暁し、部下職員の指揮監督の衝にあたる者の裁量に任せるのでなければ、とうてい適切な結果を期待することができないものといわなければならない。それ故、公務員につき、国公法に定められた懲戒事由がある場合に、懲戒処分を行うかどうか、懲戒処分を行うときにいかなる処分を選ぶかは、懲戒権者の裁量に任されているものと解すべきである。もとより、右の裁量は、恣意にわたることを得ないものであることは当然であるが、懲戒権者が、右の裁量権の行使としてした懲戒処分は、それが社会観念上著しく妥当を欠いて裁量権を付与した目的を逸脱し、これを濫用したと認められる場合でない限り、その裁量権の範囲内にあるものとして、違法とならないものというべきである。したがって、裁判所が右の処分の適否を審査するにあたっては、懲戒権者と同一の立場に立って懲戒処分をすべきであったかどうか又はいかなる処分を選択すべきであったかについて判断し、その結果と懲戒処分とを比較してその軽重を論ずべきものではなく、懲戒権者の裁量権の行使に基づく処分が社会通念上著しく妥当を欠き、裁量権を濫用したと認められる場合に限り違法であると判断すべきものである。」

　懲戒処分の目的は、前述のように服務規律の維持にあるわけですが、より具体的には停職、減給及び戒告の処分は、非違行為に対する本人の責任を明らかにし、その処分によって本人に反省の機会を与え、矯正しようというものです。これに対し免職処分は、その非違行為の違法性と本人の責任の重大さからみて、反省の機会を与えて矯正しようとするまでもなく、公務員関係から排除する必要があると考えられるときにとられる処分です。
　このように、同じ懲戒処分であってもその主たる目的に相違があることから、前者を矯正懲戒、後者を排除懲戒ということもあります。矯正懲戒は組織の中における措置であり、排除懲戒は組織から排除する措置であることから、排除懲戒についてはより慎重な検討が必要とされています。

（3）人事異動と懲戒

　懲戒処分は、自治体が有している懲戒権を任命権者が行使することによっ

て科される組織内部の処分です。したがって、同一の自治体の内部である限り、任命権者を異にして異動した場合であっても、懲戒権が消滅することはなく、新しい任命権者がその権限に基づいて、前の任命権者の下での非違行為に対して懲戒処分を行うことができます。このことは、職員がその属する自治体を離職した後に、在職中の非違行為を理由として懲戒処分をすることができないということをも意味します。

　しかし、職員は、復職することを前提として、国や他の自治体の職員となったり、公益法人などに派遣されたりした場合に、以前の在職中の非行が不問になることが不都合であるとして、平成11年（1999年）7月に地公法29条が改正され、退職した職員が再び職員として採用された場合において当該退職及び採用が一定の要件に該当するときは、退職前の在職期間中に生じた事由を理由として懲戒処分を行うことができることとされました。この改正は、懲戒処分は、組織内部における規律を維持するためのものですから、当該自治体の職員でなくなった場合には、それを行うことができないことになるという論理を法律によって修正するものですが、いかなる場合がこれに該当するかについてはいくつかの要件が定められています（地公法29条2項）。

　まず、第一の要件は、職員が退職して就任する職が特別職地方公務員等に該当することです。この特別職地方公務員等というのは、当該自治体の特別職に属する地方公務員、他の自治体の地方公務員、国家公務員又は地方公社（地方住宅供給公社、地方道路公社及び土地開発公社をいいます。）その他その業務が自治体もしくは国の事務もしくは事業と密接な関連を有する法人のうち条例で定めるものに使用される者のことであり、これら以外の民間企業などの法人に使用される者は含まれません。

　第二の要件は、職員が任命権者の要請に応じて特別職地方公務員等となるために退職したことです。この要請は、特別職地方公務員等となるための退職についてであり、それ以外の目的での退職は含まれず、勧奨退職や自己の都合による退職又は懲戒処分もしくは分限免職による退職はここでいう退職の要件に該当しないので、これらに該当する者が再度任用された場合にあっては、当該退職以前に生じた事由を理由に懲戒処分を行うことはできないことになります。

第三の要件は、特別職地方公務員等として在職した後、任命権者の要請に応じて特別職地方公務員等となるために退職したことを前提として、職員として採用されたことです。この採用は、当該退職を前提とするものでなければならないので、当該退職時において、特別職地方公務員等として在職した後に復職することが明示又は黙示に約束されていたことが必要です。また、この採用は、当該退職の前に勤務していた自治体へのものである限り、当該退職を要請したのと同一の任命権者によるものである必要はありません。なお、退職した後、再度採用されるまでの間に複数の特別職地方公務員等の職に就くことがありますが、その特別職地方公務員等である期間が引き続いている限り、当該退職を前提として採用されたものとして扱われます。

　第四の要件は、地公法29条1項各号に該当する事由が、職員としての在職期間中に生じたものであることであります。これは、任命権者が特別職地方公務員等として勤務している期間中の事由を理由として懲戒処分を行うことはできないことを意味しているとともに、特別職地方公務員等になることによって職員としての在職期間が中断されることによる影響を受けないことを意味します。なお、職員→特別職地方公務員等→職員→特別職地方公務員等→職員というように、職員と特別職地方公務員等としての勤務が繰り返された場合においても、その非違行為が職員としての勤務期間中のものである限り、それを理由とする懲戒処分を行うことができるものとされています。

　ところで、地公法28条の4及び28条の5に定める定年退職者等の再任用は、同一自治体におけるものではありますが、新たな採用であると観念されています。それとの関係で、定年退職者等となった者が再度採用された場合については、職員としての在職中に生じた事由を理由として懲戒処分をすることができることが明文で定められています（地公法29条3項）。この結果、勧奨を受けて退職した者についても、その者が定年による退職者に準ずる者として条例で定められた者に該当し、再任用された場合は、職員としての在職期間中の事由による懲戒処分の対象となります。

（4）懲戒の手続き及び効果

　職員の懲戒の手続き及び効果は、法律に特別の定めがある場合を除くほか、

条例で定められなければなりません（地公法29条4項）。教育公務員については、教特法が懲戒処分の手続きに関して規定を置いている（9条、10条）ほか、地教行法にも若干の特別の定め（36条～39条）がありますが、その他の職員については、全て当該自治体の条例（県費負担教職員については、都道府県の条例）で定められることになります。

この条例については、次のような準則が出されています。なお、懲戒処分がなされた場合は、給与条例の適用において次期の普通昇給が延伸されること（これ自体は処分ではありません。）がありますが、これは懲戒処分の効果そのものではなく、懲戒処分を受けるほど勤務成績が不良であったことによるものです。また、懲戒免職の処分を受けた場合は退職手当の全部又は一部を支給しない旨の処分を受けることがありますが、それについては前記第4章4（2）⑥（67ページ）で述べました。

職員の懲戒の手続及び効果に関する条例（案）
（この条例の目的）
第1条 この条例は、地方公務員法（昭和25年法律第261号。以下「法」という。）第29条第2項の規定に基き、職員の懲戒の手続及び効果に関し規定することを目的とする。
（懲戒の手続）
第2条 戒告、減給、停職又は懲戒処分としての免職の処分は、その旨を記載した書面を当該職員に交付して行わなければならない。
（減給の効果）
第3条 減給は、1日以上6月以下給料及びこれに対する勤務地手当の合計額の10分の1以下を減ずるものとする。
（停職の効果）
第4条 停職の期間は、1日以上6月以下とする。
2 停職者は、その職を保有するが、職務に従事しない。
3 停職者は、停職の期間中、いかなる給与も支給されない。
（この条例の実施に関し必要な事項）
第5条 この条例の実施に関し必要な事項は、人事委員会規則で定める。

3 損害賠償責任

（1）自治法による責任
1 現金、有価証券、物品の保管等についての責任

　自治法243条の2（平成32年（2020年）4月1日以降は243条の2の2となります。以下同じ。）第1項前段は、職員の賠償責任について会計管理者もしくは会計管理者の事務を補助する職員、資金前渡を受けた職員、占有動産を保管している職員又は物品を使用している職員が故意又は重大な過失（現金については、故意又は過失）により、その保管に係る現金、有価証券、物品（基金に属する動産を含みます。）もしくは占有動産又はその使用に係る物品を亡失し、又は損傷したときは、これによって生じた損害を賠償しなければならないと定めています。

　会計管理者は現金、有価証券及び物品の出納及び保管の事務をつかさどり（自治法170条2項1号、3号、4号）、その事務を補助する職員として出納員その他の会計職員が置かれ（自治法171条）、会計管理者又は会計管理者の事務を補助する職員以外の職員に現金で支払いをさせるための制度として「資金前渡」があります（自治法232条の5第2項、自治法施行令161条）。自治体における収入支出は指定金融機関を経由して行われることが多く、職員が現金を直接取り扱うことは少ないのですが（自治法235条、自治法施行令168条の6第1項・168条の7第3項）、資金前渡を受けた現金で支払いをし、その残額を返還するまでの間、又は税、使用料、手数料その他の収入を窓口で受領したり、滞納となっている歳入を現地で取り立て、それを指定金融機関に納入するまでの間は、当該職員の責任において、それを保管しなければなりません。この現金の保管について、故意又は過失があった場合は、当該職員が損害賠償義務を負うことになります。なお、ここで「過失」というのは「重大な過失」に対する概念であり、当該職務を担当する者として通常尽くすべき注意を怠ったこと（「軽過失」ともいいます。）を意味します。

　占有動産を保管している職員又は物品を使用している職員は、故意又は重大な過失により、その保管に係る占有動産又はその使用に係る物品を亡失し、又は損傷したときは、これによって生じた損害を賠償しなければならないと

されますが、ここでいう物品とは自動車、机、椅子、パソコン、事務用品などの動産（都道府県警察が使用している国有のものを除きます。）のことであり（自治法239条1項、自治法施行令170条）、占有動産というのは次のもの（自治法239条5項、自治法施行令170条の5第1項）を意味します。

① 当該自治体が寄託を受けた動産
② 拾得した遺失物及び埋蔵物並びに準遺失物又は施設占有者として交付を受けた遺失物又は準遺失物（遺失物法4条、13条1項）
③ 一時保護が行われた児童の所持する物又は一時保護が行われている間に生じた児童の遺留物（児童福祉法33条の2の2、33条の3）
④ 葬祭扶助を受ける者の遺留物（生活保護法76条1項）

2 財務会計行為についての責任

　支出負担行為、支出命令、支出命令の確認、支出もしくは支払い、契約の履行の監督もしくは検査をする権限を有する職員又はその権限に属する事務を直接補助する職員で当該自治体の長が定める規則で指定したものが、故意又は重大な過失により法令（条例及び規則を含みます。）の規定に違反して当該行為をしたこと又は怠ったことにより当該自治体に損害を加えたときは、その損害を賠償しなければなりません（自治法243条の2第1項後段）。
　なお、長及び公営企業の管理者は、自治法の規定によることなく、民法の規定による責任（故意又は過失による責任）を負うとされ（長について最高裁昭和61年2月27日判決（判例時報1186号3頁）、管理者について最高裁平成3年12月20日判決（判例時報1411号27頁））、支出負担行為などについて専決権を有している者又は権限の委任を受けている者は、規則で指定されるまでもなく、その権限を有する職員としての責任を負うことになります（専決について上記最高裁平成3年12月20日判決、委任について最高裁平成5年2月16日判決（判例時報1454号41頁））。後者の場合には、専決権者や受任者とともに、長や管理者も責任を負うことになりますが、長や管理者の責任は、専決権者又は受任者に対する指揮・監督の責任です（その結果、専決権者等には責任はありませんが、長には責任があるとされることがあります（上記最高裁平成5年2月16日判決参照））。

(2) 民法による責任

　上記（1）で述べた自治法243条の2第1項による職員の損害賠償責任については損害賠償責任に関する民法の規定を適用しないとされていますが（同条13項）、このことは同項が適用されない損害賠償責任（長や管理者の財務会計行為についての責任を含みます。）には民法の規定が適用されることを意味します。その結果、近年の裁判例では、極めて高額の損害賠償責任を認めるものが生じてきたことから、平成29年（2017年）に法律54号として地方自治法等の一部を改正する法律が公布され、平成32年（2020年）4月1日から施行されることとなっています。この改正は、従来の自治法243条の2を243条の2の2とし、次の条文を追加するものです。

　「第243条の2　普通地方公共団体は、条例で、当該普通地方公共団体の長若しくは委員会の委員若しくは委員又は当該普通地方公共団体の職員（次条第3項の規定による賠償の命令の対象となる者を除く。以下この項において「普通地方公共団体の長等」という。）の当該普通地方公共団体に対する損害を賠償する責任を、普通地方公共団体の長等が職務を行うにつき善意でかつ重大な過失がないときは、普通地方公共団体の長等が賠償の責任を負う額から、普通地方公共団体の長等の職責その他の事情を考慮して政令で定める基準を参酌して、政令で定める額以上で当該条例で定める額を控除して得た額について免れさせる旨を定めることができる。

　2　普通地方公共団体の議会は、前項の条例の制定又は改廃に関する議決をしようとするときは、あらかじめ監査委員の意見を聴かなければならない。

　3　前項の規定による意見の決定は、監査委員の合議によるものとする。」

　ここで「普通地方公共団体の長等」というのは、自治法の現行243条の2第1項の規定によって損害賠償責任を負う者以外のものを意味し、民法によって損害賠償責任を負う者がこの規定の適用を受けることになります。そして、この規定による条例が定められている場合には、「善意でかつ重大な過失がない」ことを条件として、損害賠償の額が減額されることになるわけです。

(3) 職員に対する賠償責任の追及の方法
1 長による賠償命令

　前記（1）（150ページ）及び（2）（152ページ）で述べた「損害が二人以上の職員の行為によつて生じたものであるときは、当該職員は、それぞれの職分に応じ、かつ、当該行為が当該損害の発生の原因となつた程度に応じて賠償の責めに任ずるものとする。」（自治法243条の2第2項）とされています。これは、民法による責任が連帯債務とされていること（民法719条参照）に対する特例であり、損害賠償責任は必ず分割されることを意味します。

　そして、長は、この損害が生じたと認めるときは、「監査委員に対し、その事実があるかどうかを監査し、賠償責任の有無及び賠償額を決定することを求め、その決定に基づき、期限を定めて賠償を命じなければなら」ず（自治法243条の2第3項）、自治法242条の2第1項4号ただし書に規定する訴訟（前記（1）（150ページ）及び（2）（152ページ）で述べた職員を相手方とする住民訴訟）で賠償の命令を命ずる判決が確定したときは、長は、監査委員の監査及び決定を求めないで、当該判決が確定した日から60日以内の日を期限として、賠償を命じなければならない（自治法243条の2第4項）とされています。これらの賠償命令は処分ですから、その命令が住民訴訟の判決に従ったものであるときを除いて、それに対する審査請求をすることができます（自治法243条の2第10項参照）。なお、その期限内に支払いがなされない場合は、長は、議会の議決（自治法96条1項12号）を受けることなく、損害賠償請求の訴訟を提起しなければならないとされています（自治法243条の2第5項）。

　なお、長の求めに応じて監査委員が賠償責任があると決定した場合（自治法243条の2第3項）において、長は、当該職員からなされた当該損害が避けることのできない事故その他やむを得ない事情によるものであることの証明を相当と認めるときは、あらかじめ監査委員の意見を聴き、その意見を付けて議会に付議して、議会の同意を得て、賠償責任の全部又は一部を免除することができるとされています（自治法243条の2第8項）。

2 住民監査請求及び住民訴訟

　住民は、長もしくは委員会もしくは委員又は職員について、次の行為（それがなされることが相当の確実さをもって予測される場合を含みます。）又は怠る事実（両者を総称して「財務会計行為」といいます。）が違法又は不当であると認めるときは、当該行為を防止し、もしくは是正し、当該怠る事実を改め、又は当該行為もしくは怠る事実によって当該自治体が被った損害を補塡するために必要な措置を講ずべきことを請求すること（これを「住民監査請求」といいます。）ができます（自治法242条1項）。

　① 行為
　　a 公金の支出
　　b 財産の取得、管理もしくは処分
　　c 契約の締結もしくは履行
　　d 債務その他の義務の負担
　② 怠る事実
　　a 公金の賦課もしくは徴収を怠る事実
　　b 違財産の管理を怠る事実

　住民監査請求を受けた監査委員は、監査を行い、請求に理由がないと認めるときは、理由を付してその旨を書面により請求人に通知するとともに、これを公表し、請求に理由があると認めるときは、当該自治体の議会、長その他の執行機関又は職員に対し期間を示して必要な措置を講ずべきことを勧告するとともに、当該勧告の内容を請求人に通知し、かつ、これを公表しなければなりません（自治法242条4項（平成32年（2020年）4月1日以降は5項））。

　そして、住民監査請求があった場合において、当該行為が違法である（不当は含みません。）と思料するに足りる相当な理由があり、当該行為により当該自治体に生ずる回復の困難な損害を避けるため緊急の必要があり、かつ、当該行為を停止することによって人の生命又は身体に対する重大な危害の発生の防止その他公共の福祉を著しく阻害するおそれがないと認めるときは、監査委員は、当該自治体の長その他の執行機関又は職員に対し、理由を付し

て前述の手続きが終了するまでの間当該行為を停止すべきことを勧告することができるとされています（自治法242条3項（平成32年（2020年）4月1日以降は4項））。

　住民監査請求をした住民は、監査委員の監査の結果もしくは勧告もしくは勧告に応じた措置に不服があるとき、又は監査委員が同条4項の規定による監査若しくは勧告を60日以内に行わないとき、もしくは議会、長その他の執行機関もしくは職員が勧告に応じた措置を講じないときは、裁判所に対し、住民監査請求に係る違法な行為又は怠る事実（不当な場合を含みません。）について、訴えをもって次に掲げる請求をすることができるとされており（自治法242条の2第1項）、これは「住民訴訟」と称されています。

① 当該執行機関又は職員に対する当該行為の全部又は一部の差止めの請求
② 行政処分たる当該行為の取消し又は無効確認の請求
③ 当該執行機関又は職員に対する当該怠る事実の違法確認の請求
④ 当該職員又は当該行為もしくは怠る事実に係る相手方に損害賠償又は不当利得返還の請求をすることを当該普通自治体の執行機関又は職員に対して求める請求。ただし、当該職員又は当該行為もしくは怠る事実に係る相手方が自治法243条の2第3項の規定による賠償の命令の対象となる者である場合にあっては、当該賠償の命令をすることを求める請求

第9章 知っていると安心（身分保障）

1 身分保障の意味

　公務員は全体の奉仕者であり、公務の遂行に当たっては、一部の者の利益を図ることなく、公正かつ中立でなければなりません。このような執務を実現するためには、職員に誠実に職務を遂行すること（前記第3章1（41ページ）参照）や服務規律の順守を求めること（前記第7章（134ページ）参照）だけでなく、職員が安んじて職務に専念できる体制を整備することが必要であり、それがここで述べる身分保障の問題です。

　職員は、公務の遂行に関して第三者に損害を加え、又は自分が勤務する自治体に損害を与えた場合に損害賠償責任を負うことがあり、職務に関する罪を犯した場合に刑事処分の対象となることがあるのは当然ですが、地公法における身分保障は、使用者と被用者という特殊な法律関係において、職員が不当に不利益な取扱いを受けることがないようにするための制度です。

　すなわち、契約自由の原則を前提としている民法や労働基準法の規制だけでは、厳正な服務規律が課され、公正かつ中立な職務を担当する公務員の身分保障として十分ではないことから、職員が不利益を被る場合を法律で限定するという意味で、地公法が分限と懲戒及び政治的行為の制限に関する制度（地公法27条、28条、29条、36条）が設けられています。その意味で、これらの規定は、一定の事由が存在すれば処分できると解するのではなく、一定の事由がなければ処分できないと解するのが法律の精神に合致していることになります。

　また、「すべて職員の分限及び懲戒については、公正でなければならない」（地公法27条1項）とされますが、これは、処分権者がその権限の行使に当たって公正でなければならないという当然のことを注意的に規定したもので

す。また、政治的行為の制限は、職員に対して一定の政治的行為を行うことを禁止するとともに、そのような行為に関する代償又は報復を禁止するものであり、①行政の公正な運営を確保するための服務規律としての性格と②職員の身分保障としての性格を有しています。

政治的行為の制限については、服務規律としての面があり（前記第7章3（139ページ）参照）、懲戒については職員の責任を問うという意味があり（前記第8章（142ページ）参照）、純粋な身分保障とは異なるところがありますので、それぞれの箇所で述べることとして、以下では純粋な身分保障である分限処分と失職について述べることとします。

2 分限処分

（1）分限処分の基本

分限処分というのは、職員が一定の事由によりその職務を十分に遂行することが期待できない場合、又は廃職もしくは過員が生じた場合に、職員の同意を得ることなく一方的に行われる処分であって、その目的とするところは、公務能率の維持と公務の適正な運営の確保を図ることであり、職員の責任を追及することではありません。

分限処分については、「職員は、この法律に定める事由による場合でなければ、その意に反して、降任され、若しくは免職されず、この法律又は条例で定める事由による場合でなければ、その意に反して、休職されず、又、条例で定める事由による場合でなければ、その意に反して降給されることがない」（地公法27条2項）とされています。

これは、分限処分が地公法28条1項及び2項に定める事由があってはじめて可能になることと、分限処分のうちの休職及び降給については、条例でその事由を定めることができることを示したものです。

また、労基法は、免職の場合について、産前産後の一定期間及び公務上の災害による療養期間とその後の一定期間の解雇制限や解雇予告の制度について定めており、教特法も結核性疾患による休職の期間について特別の規定を置いていますので、実際の分限処分に当たっては、これらの規定にも注意しなければなりません。

（2）降任及び免職

　降任は、「職員をその職員が現に任命されている職より下位の職制上の段階に属する職員の職に任命することをいう。」（地公法15条の２第１項３号）と定義されています（前記第５章１（３）（117ページ）参照）。したがって、職制上の段階が同一である限り、給料表における等級が下位の職（前記第４章４（５）②（79ページ）参照）への任命は、降任には該当しません（後記（４）（163ページ）の降給となります。）。また、免職というのは、職員としての地位を失わせる処分であり、懲戒免職（前記第８章２（143ページ）参照）と分限免職がありますが、ここで免職というのは分限免職のことです。

　地公法は、降任の事由と免職の事由を別個に定めることなく、両者に共通するものとして次の事由を定めています（地公法28条１項）。

① 　人事評価又は勤務の状況を示す事実に照らして、勤務実績が良くない場合
② 　心身の故障のため、職務の遂行に支障があり、又はこれに堪えない場合
③ 　①②の場合のほか、その職に必要な適格性を欠く場合
④ 　職制もしくは定数の改廃又は予算の減少により廃職又は過員を生じた場合

　ここでは、勤務成績が良くない場合と心身の故障のため、職務の遂行に支障があり、又はこれに堪えない場合が、それぞれ独立した事由としてあげられていますが、これらは、いずれも「その職の適格性を欠く場合」の一つの場合です。

　その職の適格性というのは、特定の職務を当該職員に担当させることが適当であるか否かについて、具体的、客観的に判断されるべきものです。その判断の基準は、当該職員の簡単に矯正することのできない持続性を有する素質、能力、性格等に基因してその職務の円滑な遂行に支障があり、又は支障を生ずる高度の蓋然性が認められるかどうかですが、そのような状況になったことについて、当該職員に責任があるかどうかは問題となりません。

　この判断に当たっては、当該職員の外部にあらわれた行動、態度などに照

らして、具体的なケースについて個別に判断することが必要ですし、その程度によって、免職又は降任のいずれかを選択することになります。

　降任又は免職のいずれを選択するかは任命権者の裁量に委ねられていますが、これは、勤務成績、心身の故障の程度、それが職務の遂行に与える影響の程度などの広範な事情を総合的に考慮して決定すべきものですから、平素から庁内の事情に通暁し、部下職員の指揮監督の衝に当たる者に任せるのでなければ、とうてい適切な結果を期待することができない（懲戒処分の裁量権についての最高裁昭和52年12月20日判決（判例時報874号3頁）参照）ことになります。ただ、勤務成績が良くない場合にあって、その原因が精神疾患にあると疑われるときは、精神疾患の有無及びその程度並びに加療による回復の可能性の見極めが重要ですし、職務経験が少ないためであるときは、職場の内外における研修が十分になされていたかどうかについての考慮も必要です。

　次に、「職制もしくは定数の改廃又は予算の減少により廃職又は過員を生じた場合」にも降任又は免職の対象とされることがあります。これは、いわゆる行政整理の可能性を定めたものです。ここで「職制」というのは、法令の根拠に基づいて設けられる行政組織を意味するもので、自治法158条1項に基づいて条例で設置される長の直近下位の内部組織が含まれるのはもとより、その下に長が設ける組織も含まれます（前記第3章2（46ページ）参照）。

　「定数」というのも法令の根拠に基づいて決定された職員数を指すもので、自治法172条3項の規定に基づく条例のみならず、その条例の委任を受けた規則で定めたものをも含みます。次に、「予算の減少」というのは、必ずしも予算の絶対額の積極的減少のみを指すものではなく、予算の絶対額における減少はなくても当該予算額算定の基礎が変更され、そのため当初予算額によって支弁されるべき職員数又は事業量もしくは事務量の減少を余儀なくされ、廃職又は過員を生ずるに至ったような場合をも含むものと解されています。

　この行政整理については、その原因が使用者としての自治体の側にあることから、免職処分は特に慎重に行うべきであるとされ、まず第一に転任によって問題を解決できる場合はそれによるべきです。次に降任による解決を図

った上で、やむを得ない場合に限って免職にするといった配慮が必要です。このようにした上で何人かを免職又は降任しなければならなくなった場合には、勤務成績などの諸般の事情を考慮して任命権者の権限においてその対象者を特定すべく、その場合には、平等取扱いの原則（地公法13条）及び公正な処分の原則（地公法27条1項）に従う限り、違法性の問題は生じません。

(3) 休職
1 地公法が定める休職事由

地公法28条2項は、休職の事由として、「心身の故障のため、長期の休養を要する場合」と「刑事事件に関し起訴された場合」の二つを定めていますが、このほかに、条例で休職の事由を定めることもできます。

心身の故障のため、長期の休養を要する場合に職務を遂行できないのはやむを得ないことであり、当該職員のためにも、円滑な公務の継続のためにも、当該職員に職務を担当させないことが必要です。病気や負傷の場合の制度としては病気休暇がありますが、これは、職員本人の意思に基づいて取得するものであり、職務を離れる期間が比較的短いことが予定されています。これに対して、この休職は、本人の意思とは無関係に、任命権者の判断によって行われるもので、病気休暇に比較して長い期間になるのが通常です。

この両者の関係については、療養期間の長短及びその職員が職務から離れているときにその職務を代決あるいは代行（職制上の上位者が下位の職に属する職務を行うこと）によって処理しうるかどうかなどを判断していずれかに決定すべきでしょう。休職期間中は給与が減額されるのが普通であることから、実際には、まず病気休暇を与え、給与が全額支給される期間が過ぎた後に休職処分にするという取扱いが多いようです。

また、この休職については、病気が回復したとして復職した後において、間もなく同じ病気が再発した場合に、休職の期間を通算すべきか否かという問題があります。形式的に考えれば、この休職は行政処分であり、任命権者が病気の回復を認めて一度復職させた以上、たとえ病名が同一であっても、前の病気と後のそれとは、休職に関する限り、別のものとして扱うのが筋です。しかし、前後の病気（心身の故障）が結果的に継続していると考えるの

が合理的な場合（再発までの期間が短い場合）には、通算されるとするのが社会通念に合致します。このような議論を避けるために、条例に期間の計算方法についての定めを置く自治体が多くなっています。

次に、「刑事事件に関し起訴された場合」に休職にすることが認められているのは、起訴された場合は、拘留されたり、裁判所への出頭などのために正常な勤務をすることが不可能もしくは困難になることがあるのに加え、起訴された結果として、その者に対する住民の疑惑が生まれ、ひいてはその者の行う公務に対する疑惑が生ずるおそれがあるために裁判の結論が明らかになるまで職務に従事させない必要があると考えられるからです。

したがって、この制度による休職は、当該職員が有罪となるか無罪となるかとは全く関係がないものであり（有罪の判決が確定するまでは、無罪と推定されるというのが近代法における大原則です。）、刑事事件に関して起訴された場合に、休職にするか否かは、このような目的に照らして判断されることになります。

2 条例で定める休職事由

地公法27条2項は、条例で休職の事由を定めることを認めています。いかなる場合をこの事由として定めるかは、各自治体の置かれている状況によって異なりますが、国の例（人事院規則11－4（職員の身分保障）3条）で自治体と共通するものとしては、次の場合があります。

① 学校、研究所、病院その他人事院の指定する公共的施設において、その職員の勤務に関連があると認められる学術に関する事項の調査、研究もしくは指導に従事し、又は人事院の指定する国際事情の調査などの業務に従事する場合（②及び外国派遣法による派遣の場合を除きます。）

② 科学技術（人文科学のみに係るものを除きます。）に関する国と共同して行われる研究又は国の委託を受けて行われる研究に係る業務であって、その職員の職務に関連があると認められるものに、①に掲げる施設又は人事委員会又は任命権者が当該研究に関し指定する施設において従事する場合（外国派遣法による派遣の場合を除きます。）

③ 法令の規定により国が必要な援助又は配慮をすることとされている公

共的機関の設立に伴う臨時的必要に基づき、これらの機関のうち、人事委員会又は任命権者が指定する機関において、その職員の職務と関連があると認められる業務に従事する場合
④　水難、火災その他の災害により、生死不明又は所在不明となった場合
⑤　休職（専従休職を含みます。）から復職したときに定員に欠員がない場合

　ところで、休職をした場合に、当該職員に対して給与を支給するか否か、どの程度支給するかは、休職の事由の性質を検討して決定しなければなりません。休職の場合には職務に従事しないのですから、給与は勤務に対する対価であることから導かれるノーワーク・ノーペイの原則により、給与を支給しないのが原則のはずです。しかし、休職の事由が必ずしも本人の責に帰すべきものとは限らず、また、給与は職員がその生活を維持するためのものでもあることから、給与条例において、原則として給与は支給するものとした上で、休職の事由によって、その支給割合や支給期間に差をつけているのが通常であり、国の例をみると次のようになっています（給与法23条）。
①　公務上又は通勤途上の傷病による場合
　　給与の全額
②　結核性疾患による場合
　　休職発令の日から1年までの期間について給料、扶養手当、調整手当、住居手当及び期末手当のそれぞれの100分の80
③　①又は②以外の心身の故障による場合
　　休職発令の日から1年までの期間について給料、扶養手当、調整手当、住居手当及び期末手当のそれぞれの100分の80
④　起訴されたことによる場合
　　給料、扶養手当、調整手当及び住居手当のそれぞれの100分の60以内
　なお、国家公務員が人事院規則の定める事由によって休職にされた場合については、給料、扶養手当、調整手当、住居手当及び期末手当のそれぞれの100分の70以内を支給することができ、生死不明又は所在不明の理由が公

務上又は通勤途上の災害を受けたためと認められるときに限りそれらの全額が支給できることになっています（人事院規則9－13（休職者の給与）1条）。

（4）降給

降給というのは、給料表の同一の等級の中で、現に属する号給よりも下位の号給に決定される（これを「降号」といいます。）ことを意味するのが一般的ですが、職制上の段階が同じままで現に属する等級よりも下位の等級に決定される場合（前記第5章1（3）（117ページ）参照）も含まれます（これを「降格」といいます。）。降給の事由は条例で定めることとされていますが、国においては人事院規則11－10（職員の降給）4条で次のように定めています。

　次の各号のいずれかに掲げる事由に該当する場合において、必要があると認めるときは、当該職員を降格するものとする。この場合において、第2号の規定により職員のうちいずれを降格させるかは、各庁の長が、勤務成績、勤務年数その他の事実に基づき、公正に判断して定めるものとする。
一　次に掲げる事由のいずれかに該当する場合（職員が降任された場合を除く。）
　イ　職員の能力評価又は業績評価の人事評価政令第9条第3項（人事評価政令第14条において準用する場合を含む。）に規定する確認が行われた人事評価政令第6条第1項に規定する全体評語が最下位の段階である場合（次条及び第6条第1項第1号イにおいて「定期評価の全体評語が最下位の段階である場合」という。）その他勤務の状況を示す事実に基づき勤務実績がよくないと認められる場合において、指導その他の人事院が定める措置を行ったにもかかわらず、なお勤務実績がよくない状態が改善されないときであって、当該職員がその職務の級に分類されている職務を遂行することが困難であると認められるとき。
　ロ　各庁の長が指定する医師2名によって、心身の故障があると診断され、その故障のため職務の遂行に支障があり、又はこれに堪えないことが明らかな場合
　ハ　職員がその職務の級に分類されている職務を遂行することについての適格性を判断するに足りると認められる事実に基づき、当該適格性

を欠くと認められる場合において、指導その他の人事院が定める措置を行ったにもかかわらず、当該適格性を欠く状態がなお改善されないとき。
二　官制若しくは定員の改廃又は予算の減少により職員の属する職務の級の給与法第8条第1項又は第2項の規定による定数に不足が生じた場合

　前記一で、降給の事由から「職員が降任された場合」が除外されているのは、降任された場合（前記（2）（158ページ）参照）の給料の格付けの低下は降任の結果として当然に生ずるものであり、降給とは関係がないことによるものです。

（5）分限の手続き及び効果

　職員の意に反する降任、免職、休職及び降給の手続き及び効果は、法律に特別の定めがある場合を除くほか、条例（県費負担教職員については、都道府県の条例）で定めなければならないとされています（地公法28条3項）。
　教育公務員については、教特法が、大学の学長、教員及び部局長の降任及び免職の手続きや休職の期間（5条、7条）並びに公立学校の校長及び教員の休職の期間（14条）について特別の規定をおいているほか、地教行法は、学校その他の教育機関の長は、その所属の職員の任免その他の進退に関する意見を任命権者に申し出ることができるとし（36条）、県費負担教職員については、都道府県の教育委員会は市町村の教育委員会の内申をまって県費負担教職員の任免その他の進退を行うものとされ（38条）、学校の校長は、その所属の職員の任免その他の進退に関する意見を市町村の教育委員会に申し出ることができるとされています（39条）。
　分限について定める条例については、次の内容の職員の分限に関する手続及び効果に関する条例（案）が示されています。

　（目的）
　第1条　この条例は、地方公務員法（昭和25年法律第261号。以下「法」という。）第28条第3項の規定に基き、職員の意に反する降任、免職及び

休職の手続及び効果に関し規定することを目的とする。
(降任、免職及び休職の手続)
第2条　任命権者は、法第28条第1項第2号の規定に該当するものとして職員を降任し、若しくは免職する場合又は同条第2項第1号の規定に該当するものとして職員を休職する場合においては、医師2名を指定してあらかじめ診断を行わせなければならない。
2　職員の意に反する降任若しくは免職又は休職の処分は、その旨を記載した書面を当該職員に交付して行わなければならない。
(休職の効果)
第3条　法第28条第2項第1号の規定に該当する場合における休職の期間は、3年をこえない範囲内において、休養を要する程度に応じ、個々の場合について、任命権者が定める。
2　任命権者は、前項の規定による休職の期間中であっても、その事由が消滅したと認められるときは、すみやかに復職を命じなければならない。
3　法第28条第2項第2号の規定に該当する場合における休職の期間は、当該刑事事件が裁判所に係属する間とする。
4　法第22条の2第1項に規定する会計年度任用職員に対する第1項の規定の適用については、同項中「3年をこえない範囲内」とあるのは「法第22条の2第2項の規定に基づき任命権者が定める任期の範囲内」とする。〔注：この項は平成32年4月1日から施行される。〕
第4条　休職者は、職員としての身分を保有するが、職務に従事しない。
2　休職期間中の給与については、別に条例で定める。
(この条例の実施に関し必要な事項)
第5条　この条例の実施に関し必要な事項は、人事委員会規則で定める。

(6) 条件付採用期間中の職員及び臨時的任用職員についての特例

　条件付採用期間中の職員及び臨時的に任用された職員については、地公法27条2項及び28条1項から3項までの規定は適用されず、条例で必要な事項を定めることができるとされています（地公法29条の2）。これは、臨時的に任用された職員はその任用期間が比較的短期であること及び条件付採用

期間中の職員はその適格性の有無につき検討中の者であり、法律によって厳格な身分保障を行うことは適当でないという理由によるものです。このことは、これらの職員に対しては分限処分に対応する処分が一切できないということではなく、一般原則に戻るということを意味しています。すなわち、任命権者の裁量により、労基法20条の規定に従って解雇予告をし、又は解雇手当を払うことなどによってこれらの職員を免職にすることもできるのが原則です（詳しくは、前記第2章3（37ページ）参照）。

（7）県費負担教職員についての特例

　県費負担教職員（再任用職員及び非常勤の講師を除きます。）であって、地公法が定める降任、免職又は休職の事由に該当しないで、次のいずれにも該当するものについては、都道府県の教育委員会がその者を免職し、引き続いて当該都道府県の常時勤務を要する職（指導主事並びに校長、園長及び教員の職を除きます。）に採用することができるとされています。この採用は都道府県の教育委員会が行うものですから、その任命される職は教育委員会の事務局の事務職員、技術職員ということになります。
　① 児童又は生徒に対する指導が不適切であること
　② 研修等必要な措置が講じられたとしてもなお児童又は生徒に対する指導を適切に行うことができないと認められること

3　失職

　分限処分そのものではありませんが、職員が欠格条項（地公法16条）に該当することになったときは、条例に特別の定めがある場合を除くほか、自動的にその職を失います（地公法28条4項）。これは、欠格条項が職員となることができない場合を定めたものであることに対応するものです（前記第1章2（1）（3ページ）参照）。
　欠格条項に該当する場合であっても、条例の定めがあるときは失職しないとされることから、職務上自動車を運転して、交通事故を起こした場合などについて、この特例を定めているところもありますが、その妥当性は大いに疑問です。

第10章 不満があったら（措置の要求及び審査請求）

1 勤務条件に関する措置の要求

　職員は、給与、勤務時間その他の勤務条件に関し、人事委員会又は公平委員会（これらの委員会の権限などについては、前記第1章4（1）（26ページ）参照）に対して、地方公共団体の当局により適当な措置がとられるべきことを要求することができます（地公法46条）。この権利を措置要求権といい、この権利の行使を故意に妨げた者に対しては、3年以下の懲役又は10万円以下の罰金が科せられることになっています（地公法61条5号）。

　措置要求をすることができるのは職員ですから、条件付採用期間中の職員もしくは臨時的任用職員又は非常勤職員は含まれますが、すでに退職した職員や職員団体は含まれず、企業職員及び単純労務職員にはこの制度そのものが適用されません（地公企法39条1項、地公労法17条・附則5項）。なお、複数の職員が共同して措置要求をしたり、職員が民法上の委任により第三者に代理権を与えて措置要求を行わせることは可能です。

　措置要求の対象となる事項は、勤務条件でありさえすれば、要求の利益があるかぎり、その内容の如何を問いません。ここで勤務条件というのは、職員が地方公共団体に対し労務を提供するについて存する諸条件で、職員が自己の労務を提供し、又はその提供を継続するかどうかの決心をするに当たり一般的に当然考慮の対象となるべき利害関係事項であると解されます（前記第4章1（50ページ）参照）。例えば、普通昇給が他の職員に比較して遅れた場合、賃金カットを受けた場合、当然支給されるべき赴任旅費が支給されない場合、年次休暇を承認されなかった（時季変更権の行使を受けた）場合、専従休職の許可を得られなかった場合などには、勤務条件に関する措置要求をすることができます。また、職員の定数を増減すること、予算額を増減する

こと、人事評価をすることなどは、それ自体が勤務条件であるとはいえませんので、勤務条件の措置要求の対象とはなりません。ただし、勤務条件である限り、それが自治体の管理及び運営に関する事項（地公法55条3項参照）であっても、あるいは条例で定められた事項であっても措置要求の対象となります。

　勤務条件に関する措置の要求があったときは、人事委員会又は公平委員会は事案について口頭審理その他の方法による審査を行い、事案を判定し、その結果に基づいて、理由がないときは要求を棄却し、理由があるときは、自己の権限に属する事項については、自らこれを実行し、その他の事項については、当該事項に関し権限を有する地方公共団体の機関に対し、必要な勧告をしなければなりません（地公法47条）。この審査、判定の手続きなどは、人事委員会規則又は公平委員会規則で定められます（地公法48条）。

　なお、県費負担教職員については、その審査機関は、任命権者の属する地方公共団体の人事委員会とされています（地教行法施行令7条による地公法46条の読み替え）。

2　不利益処分に関する審査請求

　懲戒その他その意に反する不利益な処分を受けた職員は、人事委員会又は公平委員会に対してのみ行服法による審査請求をすることができます（地公法49条1項、49条の2第1項）。行服法は、行政庁の違法又は不当な処分その他公権力の行使に当たる行為に関し、簡易迅速かつ公平な手続きによる国民の権利利益の救済を図るとともに行政の適正な運営を確保することを目的とする（同法1条1項）ものであり、行政庁内部の処分についての救済は本来の目的の範囲から外れますので、この審査請求については審理員や審査請求の手続きなどについて定める行服法2章の規定は適用されません。なお、審査請求の手続き及び審査の結果とるべき措置について必要な事項は人事委員会規則又は公平委員会規則で定められることになっています（地公法49条の2第3項、51条）。

　ところで、懲戒、分限その他その意に反する不利益な処分（平等取扱いの原則（地公法22条）、政治的中立性の保障（地公法35条5項）又は職員団体に関

しての不利益取扱いの禁止（地公法56条）に違反する処分も含まれます。）以外の処分については、行服法による審査請求をすることができず、職員がした申請に対する不作為についても同様とされています（地公法49条の2第2項）ので、職務命令や法的な不利益を伴わない異動などについては行服法による審査請求ができないこととなります。

　任命権者は、職員に対し不利益な処分を行う場合はその処分の事由を記載した説明書を交付しなければなりません（地公法49条1項）。ただし、この説明書の交付、不交付は、処分の効力には影響を与えないと解されています。また、不利益な処分を受けたと思う職員は、任命権者に対し、処分の事由を記載した説明書の交付を請求することができます（地公法49条2項）。職員はこの説明書に記載された事由を検討した上で、審査請求をするか否かを決めればよいことになります。ただし、審査請求は、処分のあったことを知った日の翌日から起算して3か月以内にしなければならず、また、処分のあった日の翌日から起算して1年を経過したときは、することができないとされています（地公法49条の3）。

　不利益処分に関する審査請求を受理したときは、人事委員会又は公平委員会は、ただちにその事案を審査しなければなりません。この場合において、処分を受けた職員から請求があったときは、口頭審理を行わなければなりません（地公法50条1項前段、中段）。口頭審理というのは、審査請求の理由について、書面ではなく、口頭での審理を行うことであり、口頭審理について審査請求をした職員から請求があったときは、公開して行わなければなりません（地公法50条後段）。不利益処分の審査請求の審査は、裁判所における当事者主義によるものとは異なり、簡易、迅速な救済を目的とすることから、職権によって行われることを予定しています。これは、真実を発見することの責任は、審査を行う人事委員会又は公平委員会にあることを意味します。なお、口頭審理、ことに公開による口頭審理は、人事委員会又は公平委員会の審理が公平に行われることを担保するためのものですから、それが当事者による争いの場をつくりだすことにならないようにしなければなりません。

　人事委員会又は公平委員会は、その処分が違法な場合ばかりでなく不当な場合においても、その処分を取り消すことができ、また、自らその処分を修

正することができる（地公法50条3項）とされており、この点が裁判所における訴訟と最も異なる点です。また人事委員会又は公平委員会の判定に不服な職員は裁判所に出訴できますが、当局は、不服があってもこれに従わなければならないのも裁判の場合とは異なる点です。なお、審査請求ができる不利益処分に対する訴訟については、審査請求前置主義がとられています（地公法51条の2）ので、審査請求を行わないで、直接訴訟を提起した場合は、その訴訟が不適法なものとして却下されることになるのもこの制度の特徴です。

　なお、企業職員及び単純労務職員について不利益処分に関する審査請求の制度の適用がないことは、勤務条件に関する措置の要求の場合と同様です。

第11章 辞めたらどうなる（離職）

1　離職の意味

　職員がその職員としての身分を失うことを、一般的に「離職」といいます。離職は、大きく分けて、職員の意に反しないものとその意に反するもの、行政処分によるものとよらないものに分類することができます。

　職員の意に反しない離職のうち、行政処分によるものとしては、職員からの退職願によるものがあり、行政処分によることなく、一定の事由の発生により当然に離職するものとして、地公法その他法律が定める任期付きで任用された職員（前記第1章3（4）（15ページ）参照）についてその任用期間が満了した場合、欠格条項に該当することとなった場合（前記第1章2（1）（3ページ）参照）、定年に達した場合及び職員が死亡した場合があります。

　職員の意に反する離職は、全て行政処分によるものであり、条件付採用職員の期間満了に伴う免職（前記第2章3（36ページ）参照）、臨時的任用の取消し（前記第1章3（4）②b（18ページ）参照）、分限免職（前記第9章2（2）（158ページ）参照）及び懲戒免職（前記第8章2（143ページ）参照）があります。

　これらの離職の事由のうち、行政処分によるものについては、それぞれの該当の箇所で述べましたので、ここでは、職員からの退職願を受けて行うもの（「辞職」と称するのが一般的です。）及び定年に達したことによるものについて述べます。

2　辞職

　退職願に基づく離職については地公法には何の規定もありません。しかし、職員としての身分の取得は、その者の職員になろうという意思を前提として

任命権者による採用という行政処分（相手方の同意を要する行政処分）によってなされるものであることを考えると、離職についても、その旨の職員の意思を前提として免職の処分ができるのは当然のことです。この場合においては、職員としての地位の取得が行政処分によってなされることに対応して、職員からの退職の意思表示によって当然に離職の効果が生ずることはなく、任命権者による承認によって離職の効果が生ずることになります。そして、退職願を提出しただけでは離職の効果が生じないとすれば、免職処分があるまではこれを撤回することは自由であることになります。しかし、この撤回を無制限に認めた場合には様々な問題が生じますので、退職願を提出するに至った経緯、提出後の職員及び任命権者双方の対応の情況などを総合的に勘案して、それを撤回することが任命権者に一方的な不利益を強いることになり信義に反すると認められる場合は、退職願の撤回は許されません（最高裁昭和34年6月26日判決（判例時報191号5頁）参照）。

　また、退職願が提出されたとしても、任命権者には即時に退職発令をすべき義務はなく、懲戒処分の是非を検討するとか、事務引継ぎの必要があるなどのように合理的な理由がある場合には、合理的な期間について退職発令を保留することができます。しかし、特段の理由がないのに、本人の意思を無視して職務を遂行することを強制することはできないのは当然のことでしょう。

　なお、特殊なものとして、公職の候補者となることができない公務員が公職の候補者となったときは、当該公務員の退職に関する法律の規定にかかわらず、その届出の日に当該公務員を辞したものとみなされます（公選法90条）ので、この場合には、任命権者の意思とは全く無関係に当該職員の勤務関係が終了することとなります。

　ところで、職員本人には退職の意思がないのに、任命権者が自発的な退職を勧めることがあります。これは自発的な退職を勧めるものであることから、「退職勧奨」と称されます。定年の制度ができる前は、職員の新陳代謝を図り、計画的な人事を行うため等の必要から職員の退職は退職勧奨によることが一般的でしたが、その後にあっても、定年に達する前に、職員の配置などの事務の都合により、自発的な退職を求められることがあります（退手法4

条1項2号、5条1項5号)。25年以上勤務した者がこの求めに応じて退職した場合において、その日が定年の10年前から定年に達する日の6か月前までであるときは、退職手当算出の基礎となる退職日給料額が、定年と当該職員の年齢との差1年について、100分の3加算されるのが原則とされています(退手法5条の3による同法5条1項の読み替え)。この退職手当についての取扱いは、勤続期間が20年以上であり、定年年齢から15年を減じた年齢以上の職員が、年齢別構成の適正化を図ることを目的としてなされる定年前に退職する意思を有する者の募集に応じて退職するときも同じです(退手法4条1項3号、5条1項3号、8条の2第5項)。

3 定年

(1) 原則

　地公法28条の2は、その1項で、「職員は、定年に達したときは、定年に達した日以後における最初の3月31日までの間において、条例で定める日に退職する」とし、その2項で、「前項の定年は、国の職員につき定められている定年を基準として条例で定めるものとする」として、具体的な定年の年齢及び定年退職日は、各自治体の条例で定められることになっています。

　これは、職員の年齢構成、採用・昇任管理などについて様々な事情を有する自治体に画一的な年齢を法定し、それぞれの抱える事情を反映させる余地をなくすことは適当でないため、地方自治の本旨に適合するよう、その具体的な内容を各自治体の条例で定めることとしたものです。この規定による退職の効果は、同項の規定から直接生じ、職員は、定年に達したときは、勤務延長の場合(後記(2)(175ページ)参照)を除き、定年退職日の満了とともに、何らの処分を要することなく、自動的に職員としての身分を失うことになります。なお、法律により任期を定めて任用された職員(前記第1章3(4)(15ページ)参照)及び非常勤職員には、定年の制度は適用されません(地公法28条の2第4項)ので、当該任期(非常勤職員は常に任期を定めて採用されることが前提となっています。)が満了するまでは退職しないことになります。

　定年を定める際に基準となる国の職員の定年年齢は60歳ですが、次のような特例が認められています(国公法81条の2第1項、2項)。

① 病院、療養所、診療所などで人事院規則又は主務大臣により定められるものに勤務する医師及び歯科医師　　65歳
② 庁舎の監視その他の庁務及びこれに準ずる業務に従事する職員で人事院規則又は主務大臣により定められるもの　　63歳
③ ①及び②に掲げる職員のほか、その職務と責任に特殊性があること又は欠員の補充が困難であることにより定年を60歳とすることが著しく不適当と認められる官職を占める職員で人事院又は主務大臣により定められるもの　　60歳を超え、65歳を超えない範囲内で人事院規則又は主務大臣により定められる定年

　これに相当する自治体の職員及びその定年としては、公立高等専門学校長の65歳並びに公立専門学校の教授、助教授、講師及び助手の63歳があります。

　ところで、国の定年を基準として定年が定められるのが原則とされるわけですが、自治体によっては、職員の職務と責任に特殊性があることや欠員の補充が困難であることにより、国に準じた定年によることが実情に即さない場合も考えられます。このような場合には、国及び他の自治体の職員との間に権衡を失しないように適当な考慮を払った上で、条例で別の定めをすることができるとされています（地公法28条の2第3項）。これは、定年制の一律施行に伴う不都合を考慮したものですが、具体的にこのような特例が必要とされる例としては、極めて欠員補充の困難なへき地の病院の医師などが考えられます。なお、この特例は大学の教員には適用されないこととなっています（教特法8条2項）。

　定年退職日は条例で定められますが、その定めは退職予定者数や新規採用者の採用時期など各自治体の人事管理の実情に即して弾力的に定める必要があります。一般的には、定年退職日が個々の職員の誕生日によって区々に分かれることは適切な定数管理や事務処理の観点から望ましいものではないことから、その年度に退職する職員がある程度まとまって退職することとなるように定年退職日を設定されています。なお、年度末である3月31日の日以外の日を定年退職日と定める場合においては、当該定年退職日のほかに、

併せて 3 月31日をも定年退職日として規定されることになります。なぜならば、定年に達した職員の定年退職日は、当該定年に達した日からその日以後最初の 3 月31日までの間のいずれかの日に必ず定められていなければならず、このことは 3 月31日に定年に達するものについても変わるところはありませんので、その職員についての定年退職日は 3 月31日とする以外にないからです。

（2）定年による退職の特例（勤務延長）

　定年に達した職員は条例で定める日に当然に退職するのですが、その特例として勤務延長の制度が設けられています（ただし、教特法 8 条 2 項は、大学の教員にはこの制度を適用しないとしています。）。

　すなわち、職員が定年により退職した場合に、その職員の職務の特殊性又はその職員の職務の遂行上の特別の事情からみて、その退職により公務の運営に著しい支障が生ずると認められる十分な理由があるときは、任命権者は条例で定めるところにより、定年退職日の翌日から起算して 1 年を超えない範囲内で期限を定め、その職員を当該職務に従事させるため引き続いて勤務させることができるとされています（地公法28条の 3 第 1 項）。なお、長以外の任命権者が定年による退職の特例及び再任用の基準について規程を定めるときは長に協議しなければなりません（自治法180条の 4 第 2 項、同法施行令132条 6 号）。

　任命権者は、定年退職する個々の職員についてはあらかじめ十分把握できるので、その職員が予定どおり退職しても公務の運営に支障が生じないように中長期的観点に立って計画的な任用管理を行うことが原則です。しかし、現実には、定年に達した職員の職務に特殊性があるため、公務部門の内外を通じて容易には代替要員が見つからない場合や、当該職員が継続的な業務に従事しているために当面他の職員をもってその職に充てることが適当でない場合などのように、後任の補充との関係で公務の運営に著しい支障が生ずることがあり得ます。そのような場合には、定年に達した職員をその同意を得て一定期間退職させずに引き続き勤務させることが合理的であり、そのような場合に対処するために設けられたのが、この「勤務延長」の制度です。具

体的にこれに該当する例としては、離島その他著しく不便な所にある病院、診療所などに勤務する医師について補充ができない場合、継続的な研究や業務に従事している場合で、担当する職員が交替することにより、その研究や業務に著しい支障が生ずる場合などが考えられます。

なお、勤務を延長できる期限は、定年退職日の翌日から起算して1年を超えてはならないのですが、当該勤務延長を必要とする事由が引き続き存すると認められる十分な理由があるときは、条例で定めるところにより1年を超えない範囲内で期限を延長することができ、そのときの期限は、定年退職日の翌日から起算して3年を超えることができないことになっています（地公法28条の3第2項）。また、勤務延長は、実質的に定年が延長されたと同じ効果を生ずるものですから、勤務延長された職員は、一般職の職員として何ら身分上の変動なく引き続いて同一の職務に勤務するものであり、従前どおり地公法の適用を受けるのは当然のことです。

(3) 定年による退職の特例（定年退職者等の再任用）
1 再任用の趣旨

定年制の主たる目的が職員の新陳代謝を計画的に行うことと職員の勤務期間を明定することから、一般的な定年が60歳とされています。しかし、急速に高齢化が進むなかで、職員の年金についても、その満額支給開始年齢が平成14年度（2002年度）から61歳とされ、その後段階的に65歳まで引き上げられることとなったことに伴い、職員にあっても60歳台前半の5年間は雇用と年金の連携により生活を支える時期と位置づけられることとなりました。

このことを踏まえて、定年で退職した者（勤務延長の措置を受けた後退職した者又は定年に達する前に退職した者（相当の期間を公務に従事し、勧奨又は自己都合によって定年退職日前に退職した者などで、退職後公務から離れていた期間があまり長期ではなく、定年年齢を超えている者が想定されます。）で条例で定める者を含み、これらの者を「定年退職者等」といいます。）については、その者が満65歳に達する日以後における最初の3月31日までは、1年を超えない範囲で任期を定めて、常時勤務を要する職又は短時間勤務の職に採用することができる（これによって採用された職員を「再任用職員」といいます。）こ

とになっています（地公法28条の4第1項から4項、28条の5第1項・2項、国公法81条の4第3項）。

なお、非常勤職員には定年制が適用されない（地公法28条の2第4項）ことから、この短時間勤務の再任用の制度が適用されるのは、定年退職者等のうち地公法28条の2第1項から第3項までの規定の適用があるものとした場合の当該職に係る定年に達した者に限るものとされ、この制度は、定年退職者等であって、かつ、定年として定められた年齢に達した者だけが対象とされています（地公法28条の5第3項、28条の6第3項）。

ところで、再任用をするか否かの判断基準について、判例（最高裁平成30年7月19日判決・裁判所ウェブサイト）は、任命権者は採用を希望する者を原則として採用しなければならないとする法令等の定めはなく、また、任命権者は成績に応じた平等な取扱いをすることが求められると解されるものの（地公法13条、15条参照）、採用候補者選考の合否を判断するに当たり、従前の勤務成績をどのように評価するかについて規定する法令等の定めもないので、採用候補者選考の合否の判断に際しての従前の勤務成績の評価については、基本的に任命権者の裁量に委ねられているものということができるとしています。

2 短時間勤務の職への再任用

この再任用制度における短時間勤務の職（この職に任用された職員を「再任用短時間勤務職員」といいます。）というのは、「当該職を占める職員の1週間当たりの通常の勤務時間が、常時勤務を要する職でその職務が当該短時間勤務の職と同種のものを占める職員の1週間当たりの通常の勤務時間に比し短い時間であるものをいう」とされています（地公法28条の5第1項かっこ書）。このことは、再任用の対象となる短時間勤務の職というのは、常時勤務を要する職員が担当している事務事業と同等程度の業務を行う職（職務と責任が同等程度である職）であることを意味し、従前から、臨時又は非常勤の職員が従事していた特別の習熟、知識、技能、技術又は経験を必要としない代替的業務を行う職ではないことに特徴があります。地公法22条の2第1項は、会計年度任用の職がこの短時間勤務の職を含まないとしており、このような

本格的な業務については期限付き任用は許されないとするのが一般的ですが、再任用の場合に限っては、それが認められることとなっているわけです（地公法28条の5第3項）。

ところで、短時間勤務の職における短時間というのは、1週間当たりの通常の勤務時間が、常時勤務を要する職でその職務が当該短時間勤務の職と同種のものを占める職員の1週間当たりの通常の勤務時間に比し短いことをいうとされますが、どの程度短いときに短時間勤務ということになるのかが問題です。

これは、通常の常勤職員と非常勤職員の区別の場合と同じ問題です。通常の場合は、職員の給与その他の給付について定める自治法203条と204条のいずれが適用になるかと関連して大きな意味をもちますが、同法204条が再任用短時間勤務職員に対しても給料のほかに旅費と各種の手当を支給できることを明記したために、その限りでは立法的に解決されています。しかし、定数については、臨時又は非常勤の職については条例で定めなくても良いとされるのが通常であり（自治法172条3項など）、その観点からは、依然として重要な意味をもっています。短時間労働者法（地方公務員には適用されません。）においても、本条と同様な定義が使用されており、その解釈では少しでも通常の労働者よりも短かければ短時間労働者に該当するとされています。ともあれ、再任用職員の勤務時間も地公法24条6項の条例で定められることは当然であり、その際は、国家公務員である再任用短時間勤務職員について1週間当たり16時間から32時間までの範囲内で各省庁の長が定めるとされていること（一般職の職員の勤務時間、休暇等に関する法律5条2項）との均衡を考慮することになります（地公法24条5項）。

3 自治体の組合等への再任用

なお、再任用は、当該職員が退職時に属していた自治体であれば、退職時とは異なる任命権者も行うことができるだけでなく、当該自治体が構成員となっている自治体の組合（自治法3章）との関係においては、構成団体の任命権者が当該組合の定年退職者等を、当該組合の任命権者が当該構成団体の定年退職者等を、それぞれ再任用することができます（地公法28条の6）。ま

た、都道府県教育委員会は、同一都道府県内の市町村における県費負担教職員であった定年退職者等を、定年退職した市町村以外の市町村における県費負担教職員として再任用することができることとされています（地教行法47条）。

4 再任用職員の任期

　再任用は、従前の勤務実績等に基づく選考により行われるものとされ、人事委員会を置く地方公共団体においても、選考を行うのは任命権者であるとされます（地公法28条の4第1項）。選考の主体が任命権者ですから、選考の手続き及び基準は任命権者が定めることとなりますが、再任用する職員の数を含めて、必要に応じ地方公共団体の長が総合調整を行うことができること、委員会又は委員がその基準を定める場合に長と協議しなければならないことは、定年延長の場合と同じです（自治法180条の4、同法施行令132条6号）。

　再任用職員は1年を超えない範囲内で任期が定められ（地公法28条の4第1項、28条の5第1項、28条の6第1項及び第2項）、条例で定めるところにより、1年を超えない範囲内でその任期を更新することができます。さらに、この任期の更新は1回とは限らず、条例が認める限り、何回でも可能です（地公法28条の4第2項、28条の5第2項、28条の6第3項）。これは、任期満了時点ごとに、公務上の必要性とあわせて当該職員の能力や意欲を確認することを可能とするものですが、条例上更新が可能な場合にあっても職員の側から更新を要求することができないことは最初の再任用の場合と同じであり、再任用の都度、辞令によって任期の満了時期が明確にされることになります。なお、任期の更新の要件は、条例で定めることとされていますが、任期の更新も新たな再任用であり、その際に従前の勤務実績などに基づく選考がなされることや定数の余裕があること、本人が再任用を希望していることが必要なことは当然のことであり、この条例で最も重要な意味を有するのは更新をできる回数です。

5 再任用職員に対する手当

　短時間勤務の職に採用された定年退職者等に対しては、常勤職員と同じ手

当を支給することができることとされています（自治法204条2項）。ただ、再任用制度が年金支給年齢の引き上げを考慮したものであり、その対象となる者は、すでに退職手当を一度受領していることを考えると、短時間勤務の者だけでなく常勤の者についても、再任用の終了時に再度退職手当を支給する合理性はないでしょう。また退職手当以外の手当についても、再任用の趣旨からすれば、職務に直接関連するものや特に支給すべき理由があるものは別として、終身雇用を前提とした生活費に関連するものや人材確保の観点から支給される手当を支給する理由はないでしょう。

この点について、国家公務員に対しては、短時間勤務であると、常勤であるとを問わず、扶養手当、住居手当、単身赴任手当、寒冷地手当、初任給調整手当、特地勤務手当及び特地勤務手当に準ずる手当並びにへき地手当及びへき地手当に準ずる手当は支給されないこととされていますので、職員についても同様の取扱いになるものと思われます。

6 再任用職員の兼職と年休

なお、短時間勤務の職に採用された者は、常勤職員と同様、普通地方公共団体の議会の議員、長もしくは監査委員（自治法92条、141条、196条）、公営企業の管理者（地公企法7条の2）又は収用委員会の委員（土地収用法52条）の職を兼ねることができず、介護休暇及び深夜勤務制限（育休法52条）並びに育児のための部分休業（地公育休法9条）については常勤の職員と同様の扱いを受けることとされています。また、年次有給休暇は、労基法施行規則34条の3の規定を前提として条例で定められることになります（地公法24条6項）。

4　再就職（退職管理）

定年によると否とにかかわらず、退職後再就職する者は少なくありません。しかし、再就職した者と退職前の職場との間に不適切な関係が生ずる場合には、公務全体に対する信頼が喪失されることになります。そのようなことを防ぐという観点から、地公法は、38条の2から38条の7で再就職者による依頼などの規制を中心とする退職管理についての定めを置いていますが、こ

こでは、従来の地公法で使用されていなかった用語が多数使われていますので、まず、その意味を理解することが必要です。

「再就職者」というのは、職員（臨時的に任用された職員、条件付採用期間中の職員及び再任用職員以外の非常勤職員を除きます。）であった者で離職した後、営利企業等に就職した者を意味し、「営利企業等」というのは、商業、鉱業又は金融業その他営利を目的とする私企業及びそれ以外の法人（国、国際機関、自治体、行政執行法人及び特定地方独立行政法人を除きます。）を意味します。ただし、退職手当通算予定職員であって、退職手当通算法人に就職した者及びその退職が退職派遣（第5章3（3）（122ページ）参照）のためである者は「再就職者」に含まれません。

「退職手当通算法人」というのは、地方独法法2条1項に規定する地方独立行政法人その他その業務が自治体又は国の事務又は事業と密接な関連を有する法人のうち人事委員会もしくは長の規則（以下、単に「規則」といいます。）で定めるものであって、自治体と当該法人における勤続期間が、それぞれにおける退職手当における職員としての勤続期間として通算される法人のことであり、「退職手当通算予定職員」というのは、任命権者又はその委任を受けた者の要請に応じ、引き続いて退職手当通算法人に使用されるために退職することになる職員で、その法人に在職した後、引き続いて当該自治体に採用が予定されている者のうち規則で定める者のことです。

「地方公共団体の執行機関の組織」というのは、自治体の執行機関（その附属機関を含みます。）の補助機関（第3章2（46ページ）参照）及びその管理に属する機関の総体を意味します。

「地方公共団体の執行機関等」というのは、自治体の執行機関の組織及び議会の事務局（事務局が置かれていない場合は、それに準ずる組織）並びに特定地方独立行政法人を意味し、「役職員」というのは、自治体の執行機関等の職員及び特定地方独立行政法人の役員を意味します。

「契約等事務」というのは、売買、賃借、請負その他の契約又は公権力の行使に当たる行為を意味します。

制限される行為及び適用除外は次のとおりです。
① 離職前5年間に在職した職場に対する依頼などの規制（地公法38条の

2第1項）

　再就職者は、離職前5年間に在職していた自治体の執行機関等に勤務する役職員又は人事委員会もしくは長の規則（以下、単に「規則」といいます。）で定める者に対して、離職前に自分が勤務していた自治体又は特定地方独立行政法人と現に自分が勤務している営利企業等又は規則で定めるその子法人との間における契約等事務であって、離職前5年間の職務に属するものに関し、離職後2年間、職務上の行為をするように、又はしないように要求し、又は依頼してはなりません。

② 離職前5年よりも前に在職した職場に対する依頼などの規制（地公法38条の2第4項）

　再就職者のうち、自治法158条1項に規定する自治体の長の直近下位の内部組織の長又はこれに準ずる職（第3章2（46ページ）参照）であって規則で定めるものに離職した日の5年前の日より前に就いていた者は、当該職に就いていた時に在職していた自治体の執行機関等の組織の役職員又はこれに類する者として規則で定めるものに対し、契約等事務であって離職した日の5年前の日より前の職務（当該職に就いていたときの職務に限ります。）に属するものに関し、離職後2年間、職務上の行為をするように、又はしないように要求し、又は依頼してはなりません。

③ 自分で決定したものについての依頼などの規制（地公法38条の2第5項）

　再就職者は、在職していた自治体の執行機関の組織等の役職員又はこれに類する者として規則で定めるものに対し、当該自治体もしくは当該特定地方独立行政法人と営利企業等（当該再就職者が現にその地位に就いているものに限ります。）もしくはその子法人との間の契約であって当該自治体もしくは当該特定地方独立行政法人においてその締結について自らが決定したもの又は当該自治体もしくは当該特定地方独立行政法人による当該営利企業等もしくはその子法人に対する公権力の行使に当たる行為（行政手続法2条2号参照）であって自らが決定したものに関し、職務上の行為をするように、又はしないように要求し、又は依頼してはな

りません。

④ 条例で追加する規制（地公法38条の2第8項）

　自治体は、その組織の規模その他の事情に照らして必要があると認めるときは、条例により定めることにより、再就職者のうち、国における部長又は課長の職に相当する職として規則で定めるものに離職した日の5年前の日より前に就いていた者について、当該職に就いていた時に在職していた自治体の執行機関の組織等の役職員の役職員又はこれに類する者として規則で定めるものに対し、契約等事務であって離職した日の5年前の日より前の職務（当該職に就いていたときの職務に限ります。）に属するものに関し、離職後2年間、職務上の行為をするように、又はしないように要求し、又は依頼してはならないとすることができます。

⑤ 適用除外

　前記の①②及び④の規制は、次の場合には適用されません（地公法38条の2第6項）

ア　試験、検査、検定その他の行政上の事務であって、法律の規定に基づく行政庁による指定もしくは登録その他の処分（以下「指定等」といいます。）を受けた者が行う当該指定等に係るものもしくは行政庁から委託を受けた者が行う当該委託に係るものを遂行するために必要な場合、又は自治体もしくは国の事務もしくは事業と密接な関連を有する業務として規則で定めるものを行うために必要な場合

イ　行政庁に対する権利もしくは義務を定めている法令の規定もしくは自治体もしくは特定地方独立行政法人との間で締結された契約に基づき、権利を行使し、もしくは義務を履行する場合、行政庁の処分により課された義務を履行する場合又はこれらに類する場合として人事委員会規則で定める場合

ウ　行政手続法2条3号に規定する申請又は同条7号に規定する届出を行う場合

エ　自治法234条1項に規定する一般競争入札もしくはせり売りの手続き又は特定地方独立行政法人が公告して申込みをさせることによる競争の手続きに従い、売買、貸借、請負その他の契約を締結するために

必要な場合

オ　法令の規定により又は慣行として公にされ、又は公にすることが予定されている情報の提供を求める場合（一定の日以降に公にすることが予定されている情報を同日前に開示するよう求める場合を除きます。）

カ　再就職者が役職員（これに類する者を含みます。以下この項目において同じです。）に対し、契約等事務に関し、職務上の行為をするように、又はしないように要求し、又は依頼することにより公務の公正性の確保に支障が生じないと認められる場合として人事委員会規則で定める場合において、人事委員会規則で定める手続きにより任命権者の承認を得て、再就職者が当該承認に係る役職員に対し、当該承認に係る契約等事務に関し、職務上の行為をするように、又はしないように要求し、又は依頼する場合

なお、職員は、前記⑤に該当する場合を除き、再就職者（地方独立行政法人の役員であった者を含みます。）から前記①～④に掲げる要求又は依頼を受けたときは、人事委員会規則又は公平委員会規則で定めるところにより、人事委員会又は公平委員会にその旨を届け出なければならないとされています（地公法38条の2第7項）。

5　高齢者部分休業

　職員については定年の定めがありますが、現実には、定年年齢に到達する前に勧奨により退職することも多く行われています。また、地域によっては、短時間勤務を希望する住民が多く存在し、自治体がその受け皿になることを期待されているところもあります。さらに、高齢者である職員の中にも、肉体的、精神的又は家庭の事情などによって、勤務時間を減じることを希望する者も現れています。このような状況を総合的に勘案して設けられたのが地公法26条の3が定める「高齢者部分休業」の制度です。

　高齢者部分休業が承認される要件は、「職員の申請」があること及び「公務の運営に支障がないこと」です。「職員の申請」が要件とされているのは、この休業は職務命令によるものではなく、職員の意思に基づくものでなければならないことを意味するものですが、それが強制にあたらない限り、任命

権者あるいは上司などが職員に対して部分休業の申請をすることを慫慂することまで禁止されるわけではありません。

　次に「公務の運営に支障がないこと」というのは、高齢者部分休業によって、職員が定年退職日までの期間、本来の勤務時間の一部について職務を離れることになる結果、当該職員が担当している職務が滞って、住民に不便が生じたり、公務の効率性や経済性が損なわれたり、同僚職員に過重な負担がかかるようなことがないことを意味します。しかし、この要件をあまりに厳密に解するときは、有能な職員になればなるほど、公務の運営に支障が生ずることとなり、この制度を利用できないことになりかねません。また、このことを避けるために、当該職員が時間外勤務をしなければならなくなるようでは、本末転倒です。したがって、ここでいう公務の運営に支障がないというのは、支障が全くないということまでを意味するのではなく、多少の支障が生ずるとしても、それが容認又は許容できる範囲であればよいと理解すべきでしょう。なお、高齢者部分休業による不都合を解消するために任期付短時間勤務職員を採用することが認められていますが（任期付職員採用法5条3項1号）、そこまでの措置をとる必要があるかどうかは慎重な考慮が必要でしょう。

　高齢者部分休業ができる期間は、「条例で定める年齢に達した日以後の日で当該申請において示した日から当該職員に係る定年退職日」までとされていますが、定年退職日から5年を超えない範囲内で申請に示された日から定年退職日までとされているのが普通です。

　なお、高齢者部分休業の前項の承認が、当該部分休業をしている職員が休職又は停職の処分を受けた場合には、その効力を失うのは当然であり、当該部分休業をしている場合には、給与が減額されるのはやむを得ないでしょう。

第12章 組合活動はどうなっている（職員の労働基本権）

1　総論

　憲法28条は、「勤労者の団結する権利及び団体交渉その他の団体行動をする権利は、これを保障する」としています。ここで保障されている権利は労働基本権又は勤労基本権と称され、その内容が団結権、団体交渉権及び争議権（団体行動権）の三つの権利に分けられることから、労働三権ともいわれます。このような権利が保障されるのは、労働力を提供することにより収入を確保する以外に生計を立てる方策のない労働者と資本（経営資源）を有する使用者との間に実質的な平等を確保し、「労働者と使用者が、対等な立場において」労働条件を決定できることを保障するためです（労基法2条1項、労契法3条1項参照）。すなわち、個々の労働者が個別にその労働条件について交渉するときは、社会的・経済的な力において優位にある使用者に一方的に有利なものを強制されるおそれがあることから、双方の力関係の均衡を図るために、労働者が団結し、団体として交渉に臨むことを認め、対等な立場での交渉を進めるための手段として、労務の不提供などの団体行動により使用者へ圧力をかけることを承認するものです。

　職員も憲法28条にいう「勤労者」に含まれますから、職員にもこれらの労働基本権が保障されることになります。しかし、憲法は、その一方において、基本的人権といえども絶対無制限のものではないことを認め、国民は、憲法が国民に保障する事由及び権利を「濫用してはならないのであつて、常に公共の福祉のためにこれを利用する責任を負ふ」ことを明らかにしています（憲法12条）。また、公務員が一般の国民（労働者）とは異なる立場にあることについて、「すべて公務員は、全体の奉仕者であつて、一部の奉仕者ではない」と定めています（憲法15条2項）。さらに、財政民主主義の観点から、

「国の財政を処理する権限は、国会の議決に基いて、これを行使しなければならない」とされ（憲法83条）、自治体においても、予算を定めることは議会の権限とされています（自治法96条1項2号）。

したがって、職員については、憲法28条によって保障される労働基本権も、公共の福祉あるいは財政民主主義との関係において、一定の制限がなされることもやむを得ませんが、その限度をどこまでとすべきかについては、それぞれの時代の社会・経済情勢や個人の置かれている立場や価値観によって、考え方が大きく異なります。判例も揺れ動いた時代がありましたが、近年は、現行法の定める制度の合理性についての異論はほとんど聞かれません。

ところで、労働基本権は、団結権、団体交渉権、争議権の順で説明されるのが普通ですが、それらの権利を保障する目的は、対等な立場にたった労使の話合いによる妥当な労働条件の決定ということにあります。すなわち、ここで基本となる権利は団体交渉権であり、団結権はその前提、争議権はその補助手段という関係になります。したがって、この問題を考えるときは、団体交渉権の内容（勤務条件の決定方法）を明確にした上で、それに対応した団結権及び争議権について論ずるのが理解しやすいように思われます。公務員については、団体交渉権が認められない職種、団体交渉の結果について労働協約（団体協約）の締結が認められない職種と認められる職種があり、それに応じて、団結権が全く認められないもの、職員団体の結成が認められるもの、労働組合の結成が認められるものに分けられますが、団体交渉の補助手段としての争議行為等については、その必要性、妥当性、有効性などの観点から、全ての職員について禁止されています。

2　職員の団結権

(1) 職員団体

1 目的

地公法52条1項は、職員団体とは「職員がその勤務条件の維持改善を図ることを目的として組織する団体又はその連合をいう」と定義しています。この職員団体の制度は、職員の置かれた地位及び当局側の意思決定に対する議会の関与の必要性などの特殊な事情を勘案して、職員が団結し、団体交渉

する権利と公共の福祉を適合させるためのものであり、後記（2）（191ページ）で述べる団体交渉の結果としての労働協約（団体協約）の締結権を除けば、基本的には労働組合と同じ性質のものです。

なお、ここで勤務条件というのは、給与、勤務時間のような、職員が自治体に対し勤務を提供するについて存する諸条件で、職員が自己の勤務を提供し又はその提供を維持するかどうかの決心をするに当たり、一般的に当然考慮の対象となるべき利害関係事項のことであると解されています（前記1（186ページ）参照）。職員は、このような職員団体を結成し、もしくは結成せず、又はこれに加入し、もしくは加入しないことができる（地公法52条3項本文）とされており、この制度は、「オープン・ショップ制」と称されます。また、職員は、職員団体の構成員であること、職員団体を結成しようとしたこと、もしくはこれに加入しようとしたこと、又は職員団体のために正当な行為をしたことの故をもって不利益な取扱いを受けることがないとされています（地公法56条）。この禁止に違反して不利益な取扱いがなされた場合は、それが行政処分であるときは不利益処分に対する審査請求（地公法49条の2）を、行政処分の形をとらないときは措置の要求（地公法46条）をすることができます。

2 管理職と職員団体

ところで、地公法上の職員団体として認められるためには、「管理職員等」とそれ以外の職員が混在してはならないとされ、管理職員等の範囲が次のように定められています（地公法52条3項）。そして、具体的にいかなる職にある者がこれに該当するかは、人事委員会又は公平委員会の規則で定めることとされています（地公法52条4項）。

① 重要な行政上の決定を行う職員
② 重要な行政上の決定に参画する管理的地位にある職員
③ 職員の任免に関して直接の権限を持つ監督的地位にある職員
④ 職員の任免、分限、懲戒若しくは服務、職員の給与その他の勤労条件又は職員団体との関係についての当局の計画及び方針に関する機密の事項に接し、そのためにその職務上の義務と責任とが職員団体の構成員と

しての誠意と責任とに直接に抵触すると認められる監督的地位にある職員
⑤　その他職員団体との関係において当局の立場に立って遂行すべき職務を担当する職員

　地公法が禁止するのは、これらの管理職員等とそれら以外の職員が混在することですから、管理職員等がそれら以外の職員とは別個に職員団体を結成することは可能であり、このような職員団体は「管理職組合」と称されることがあります。

3 登録職員団体

　次に、職員団体については、登録の制度があります（地公法53条）。この登録の制度は、職員団体が自主的かつ民主的に組織されていることを公証する制度であり、職員団体は登録を受けることにより、若干の付加的な利便を与えられます。すなわち、登録を受けた職員団体から適法な交渉の申入れがあったときは、自治体はその申入れに応ずべき地位に立つものとされる（地公法55条1項）ほか、登録を受けた職員団体は、法人となる旨を人事委員会又は公平委員会に申し出ることにより法人となることができ（地公法54条前段）、さらに、登録を受けた職員団体に関しては、職員は、任命権者の許可を受けてその役員としてその業務にもっぱら従事すること（「在籍専従」と称されます。）ができます（地公法55条の2第1項ただし書）。しかし、登録を受けない職員団体も職員の勤務条件の維持改善のために自治体の当局と交渉する権能は有しており、登録を受けない職員団体であっても、その基本的な機能においては、登録を受けた職員団体と相違はありません。なお、登録を受けた職員団体が職員団体ではなくなったとき、登録の要件のうちいずれかが欠けたとき、又は規約もしくは申請書の記載事項に変更を生じたにもかかわらず、届出をしなかったときは、人事委員会又は公平委員会は、その職員団体の登録の効力の停止又は登録の取消しのいずれかの処分を行うことができることとされています（地公法53条6項）。

　登録を受けた職員団体については、在籍専従の制度があります。これは、職員が、通算して7年を超えない範囲において人事委員会又は公平委員会の

規則で定める期間、任命権者の許可を得て、職員団体の役員としてもっぱら従事することができるというものです（地公法55条の2第1項～3項、附則20項）。ここで「通算して」というのは、「当該地方公共団体の職員としての在籍期間を通じて」という意味であり、途中に中断の期間があっても、専従の期間を合計して前記の期間を越えてはならないということを意味します。また、企業職員又は単純労務職員で組織する労働組合の在籍専従の期間があるときは、その期間も通算されるので、注意が必要です。そして、在籍専従の許可を受けた期間中は休職とされ、いかなる給与も支給されず、またその期間は、退職手当の算定の基礎となる勤続期間に算入されないものとされています（地公法55条の2第5項）。このための休職を「専従休職」といいますが、これは、地方公務員の労働基本権を保護するため、特に法律によって認められた制度であって、団結権に内在し、又はそれから当然に派生する権利ではありません。

　また、職員は、条例で定める場合を除き、給与を受けながら、職員団体のためその業務を行い、又は活動してはならないとされています（地公法55条の2第6項）。この給与を受けながら組合活動を行うことができる場合を定める条例は「ながら条例」と称されますが、ここで想定されているのは、勤務時間中に適法な交渉を行う場合などであり、労組法2条2号ただし書にも同趣旨の規定があります。

4 警察職員と消防職員

　ところで、警察職員及び消防職員は、勤務条件の維持改善を図ることを目的とし、かつ、自治体の当局と交渉する団体を結成し、又はこれに加入してはならない（地公法52条5項）とされています。したがって、これらの職員は、職員団体を結成したり、それに加入することはできないのですが、消防については、次に掲げる事項に関して消防職員から提出された意見を審議させ、その結果に基づき消防長に対して意見を述べさせ、もって消防事務の円滑な運営に資するために、消防本部に消防長が指名する者で構成する消防職員委員会を置くことが定められています（消防組織法17条）。

　① 消防職員の給与、勤務時間その他の勤務条件及び厚生福利に関するこ

と
② 消防職員の職務遂行上必要な被服及び装備品に関すること
③ 消防の用に供する設備、機械器具その他の施設に関すること

(2) 労働組合

　企業職員については、職員団体に関する地公法52条から56条までの規定は適用されず、地公労法及び労組法による労働組合が結成できることとされ（地公企法36条、39条1項）、企業職員以外の単純労務職員については、地公法52条から56条までの規定による職員団体を結成するか地公労法及び労組法による労働組合を結成するかを選択できることになっています（地公労法附則5項）。したがって、これらの職員は、労組法2条により、自らが主体となって自主的に労働条件の維持改善その他経済的地位の向上を図ることを主たる目的として団体を組織し、又はその団体の連合体を結成することができることになります。職員は、このような労働組合を結成し、もしくは結成せず、又はこれに加入し、もしくは加入しないことができる（地公労法5条1項）のは、職員団体の場合と同じです。

　なお、特殊なものとして、臨時又は非常勤の顧問、参与、調査員、嘱託員及びこれらの者に準ずる者の職に該当するとして特別職に属するものとして扱われている職員の問題があります。すなわち、従来、これらの職員には地公法が適用されず（同法4条2項）、これらの職員には労組法が全面的に適用されるとして、これらの職員が労働組合を結成している例がありましたが、地方公務員法及び地方自治法の一部を改正する法律（平成29年5月17日法律29号）による地公法3条3項3号の改正によって、同法が施行される平成32年（2020年）4月1日以降は、これらの職のうちの多くの職が一般職に属するものとして取り扱われることになっています（前記第1章3（1）（8ページ）参照）。この結果、同日以降、これらの職員の多くは、労組法の適用を外れ、地公法の適用を受けることとなり、それまでの労働組合は、職員団体として活動することになります。

　労組法2条ただし書は、同法上の保護を受けるためには、その労働組合が労働者の自主的な組織であることを必要とし、地公法におけるのと同様に、

管理職員等とそれら以外の職員が混在しないことなどを要件として定めています。そして、具体的にいかなる職にある者が管理職員等に該当するかは、地方労働委員会がその範囲を告示することになっており（地公労法5条2項）、このことが民間の労働組合の場合と異なります。なお、労働組合が不当労働行為の救済を受けようとする場合及び法人格を取得しようとする場合は、労組法2条及び5条2項の要件を具備していることについて、所轄の労働委員会の資格審査を受けなければなりません（同法5条1項）。

ところで、職員が労働組合のためにする行為について一定の制限があることは、職員団体におけるのと同様です。まず、職員が労働組合の業務にもっぱら従事することについては、通算して「7年以下の範囲内で労働協約で定める期間」に限り、地方公営企業の許可を得て行うことができることとなっています（地公労法6条3項、附則4項・5項）。この場合に、許可を受けた期間は休職とされ、いかなる給与も支給されず、またその期間は、退職手当の算定の基礎となる勤続期間に算入されないとされるのは職員団体における場合と同じです（地公労法6条5項、附則5項）。また、職員が給与を受けながら勤務時間中に適法な団体交渉を行うことができることも職員団体の場合と同じですが、労働組合の場合は、使用者の経理上の援助の禁止の例外として規定されています（労組法2条2号ただし書）。

なお、労組法7条は、労働組合員であることや正当な組合活動を行ったことを理由とする不利益取扱い、労働組合への加入又は脱退を雇用の条件とすること、正当な理由のない団体交渉の拒否、労働組合への支配介入、不当労働行為の救済活動を行ったことを理由とする解雇その他の不利益取扱い（これらの行為は「不当労働行為」と称されます。）を使用者が行うことを禁止し、このような行為があった場合は労働委員会に救済を求めることができるとしています（労組法27条）。

（3）職員団体と労働組合の関係

職員団体と労働組合の成立要件などについては以上のとおりですが、現実に存在する職員団体及び労働組合は様々な形態をとっています。すなわち、純粋に法律的にみただけでも、一般職員だけの職員団体、一般職員と単純労

務職員が一緒になった職員団体、単純労務職員又は企業職員だけの労働組合、単純労務職員又は企業職員が一緒になった労働組合が存在します。現実には、これらの職員が混在した団体も存在するほか、特別職に属するとされる職員が独自に労働組合を結成し、又は一般職の職員団体や労働組合に加入している例もあります。

　一般職員と企業職員等が混在する団体（このような団体を「混合職員団体」といいます。）が職員団体であるか労働組合であるかの判断は、当該団体を主体となって組織している者が、職員団体制度の適用を受ける職員であるか又は労働組合制度の適用を受ける職員であるかによって決定されることとなります。また、職員団体と労働組合の連合組織として、県労連、市労連などを結成していることがありますが、このような組織は、組織同士の連合体であることから、職員団体とも労働組合とも認められません。

3　自治体との交渉

（1）職員団体の交渉

　自治体の当局は、登録を受けた職員団体から職員の給与、勤務時間その他の勤務条件に関し、及びこれに付帯して、社交的又は厚生的活動を含む適法な活動に係る事項に関し、適法な交渉の申入れがあった場合においては、その申入れに応ずべき地位に立ちます（地公法55条1項）。ただし、これは、当局が登録を受けていない職員団体からの交渉の申入れを拒否することを認めたものではなく、登録を受けた職員団体については、それがすでに正規なものであることが公証されたものであることから、当然に交渉に応ずべきであることを明らかにしたにすぎませんので、登録を受けていない職員団体であってもそれが地公法の規定に適合したものである場合には、当局は、その職員団体から交渉の申入れに応ずべきことになります。

　自治体の当局と職員団体との交渉事項は、勤務条件に関すること等であり、自治体の事務の管理及び運営に関する事項は、交渉の対象とはなりません（地公法55条3項）。この管理及び運営に関する事項というのは、法令の定めるところによって自治体の機関が自ら責任をもって決定すべき事項のことであり、その代表的なものとして行政組織、定数、予算の編成などがあります。

もちろん、勤務条件などについて交渉した結果、これらの管理運営事項に該当する事項について措置せざるを得ないこともありますが、それはあくまでも自治体の当局が自ら責任をもって決定すべきことであって、職員団体と交渉して決めるべきものではありません。

　さらに、職員団体との交渉の相手方となる自治体の当局というのは、交渉事項について適法に管理し、又は決定することのできる自治体の当局を意味します（地公法55条4項）。そして、交渉は、職員団体と当局との間であらかじめ取り決められた員数の範囲内で、職員団体がその役員の中から指名する者（特別の事情があるときは、役員以外の者から指名する者）と当局の指名する者との間において、あらかじめ議題、時間、場所などの取り決めが行われます（地公法55条5項、6項）。そして、交渉がこの要件にあわなくなったとき、又は他の職員の職務の遂行を妨げ、もしくは事務の正常な運営を阻害することとなったときは、交渉を打ち切ることができることになっています（地公法55条7項）。

　ところで、職員団体は団体協約（労組法14条の「労働協約」と同じです。）を締結することができませんが（地公法55条2項）、交渉の結果、当局と職員団体が合意に達したときは、法令、条例、自治体の規則及び自治体の機関の定める規程に抵触しない限りにおいて、当該自治体の当局と書面による協定を結ぶことができます（地公法55条9項）。この協定は書面協定と称され、当該自治体の当局及び職員団体の双方において、誠意と責任をもって履行しなければならないとされています（地公法55条10項）。その意味は、書面協定は両者に道義的な義務を課すものであって、法律上の拘束力は有しないということであると解されています。すなわち、職員の勤務条件は、法律や条例で定められるものであり、たとえ執行機関といえども自由に決めることはできず、書面協定による合意事項を訴訟手続きにより強制することはできないということです。この意味で、同じ労使間の合意である団体協約とは性質が異なることになります。このような性質があることから、地公法は当局と職員団体が行う交渉を単に「交渉」と称して、次に述べる当局と労働組合が行う「団体交渉」と区別しています。

(2) 労働組合の団体交渉

　労働組合も勤務条件（労組法は労働条件という言葉を使用していますが両者は同じ意味です。）について交渉することを主たる目的とするものであり（労組法1条1項参照）、使用者による正当な理由のない団体交渉の拒否は不当労働行為として禁止され（労組法7条2号）、このようなことが生じた場合は、労働組合は不当労働行為の救済を労働委員会に申し立てることができ、その申立てに理由があるときは、労働委員会は救済命令を発しなければならないとされています（労組法27条）。

　労働組合が団体交渉の対象にすることができる事項は、苦情処理調整会議の組織その他苦情処理に関する事項（地公労法13条2項）のほか、次の事項です（地公労法7条）。

① 　賃金その他の給与、労働時間、休憩、休日及び休暇に関する事項
② 　昇職、降職、転職、免職、休職、先任権及び懲戒の基準に関する事項
③ 　労働に関する安全、衛生及び災害補償に関する事項
④ 　①～③に掲げるもののほか、労働条件に関する事項

　なお、管理及び運営事項を団体交渉の対象とすることができない（地公労法7条ただし書）のは、職員団体の場合と同じです。

　団体交渉によって合意が成立したときは、労働協約を締結することができますが、それは「書面に作成し、両当事者が署名し、又は記名捺印することによってその効力を生ずる」（労組法14条）ものです。このように、労働協約は要式行為ですから、この要件を満たさない合意は、当事者を拘束する効力（「規範的効力」といいます。）を有しないと解されています。この規範的効力というのは、「労働協約に定める労働条件その他の労働者の待遇に関する基準に違反する労働契約の部分は、無効とする。この場合において無効となった部分は、基準の定めるところによる。労働契約に定めがない部分についても同様とする」（労組法16条）効力のことです。労働組合を結成することができる職員の勤務条件については、身分保障、服務、福祉などのように法律で定められているものを除いて、団体交渉によって定めることができるのですから、就業規則や管理規程で定めている勤務条件と異なる労働協約を締結した場合は、勤務条件がその労働協約で定める内容に変更されるというの

がこの規範的効力の原則的な意味です。この規範的効力が認められる労働協約が遵守されない場合は、訴訟手続きによりその実現を強制することができ、そのことが書面協定と最も異なるところです。

　ところで、当事者の自由な処分にまかされている事項があるといっても、自治体には憲法に定められた条例制定権があり、長の規則制定権や公営企業管理者の管理規程制定権（自治法15条1項、地公企法10条）も公法上のものであることから、当事者の合意（労働協約）の内容がこれらと異なる場合は、その効力をそのまま認めることは不適当であり、その場合の調整が必要となります。

　まず、条例に抵触する内容の労働協約が締結された場合については、当該自治体の長は、その後10日以内に、その協約が条例に抵触しなくなるために必要な条例の改正又は廃止案を議会に提出して、その議決を求めなければならないとされ、その議決がなされるまでは、その条例に抵触する部分は効力を生じないとされています（地公労法8条）。

　一方、規則や規程に抵触する内容の労働協約が締結された場合については、当該自治体の長その他の機関は、すみやかに、その協約が規則や規程に抵触しなくなるために必要な改正又は廃止のための措置をとらなければなりません（地公労法9条）。これは、労働協約の締結権者と規則や規程の制定権者は同一であり、自分が約束したことを実現するための措置をとるのは当然のことであるという考え方によるものです。条例の場合は、労働協約の締結者と条例の制定権者が異なることから、条例が改正又は廃止されるまでは効力が生じないことが明文で規定されていますが、規則などの場合は、そのことを当然の前提とした上で、自分で約束したことをすみやかに実現することを義務づけているものです。さらに、労働協約が予算上又は資金上不可能な支出を内容とする場合については、議会の承認を受けるまでは効力が生ぜず、議会による予算上の手当がなされるまではその労働協約に基づく支出をしてはならないとされています（地公労法10条）。これは、財政民主主義との調和を図る手続きであり、公営企業といえども自治体の経営するものである以上、議会の意思を優先させるのが妥当であるという考え方に基づくものです。

4　争議行為等の禁止

　職員は、自治体の機関が代表する使用者としての住民に対して、同盟罷業、怠業その他の争議行為をし、又は自治体の機関の活動能率を低下させる怠業的行為をしてはなりません。また、何人も、このような違法な行為を企て、又はその遂行を共謀し、そそのかし、もしくはあおってはなりません（地公法37条1項）。そして、職員がこの禁止に違反した場合は、その行為の開始とともに、自治体に対し、法令又は条例、自治体の規則もしくは自治体の機関の定める規程に基づいて保有する任命上又は雇用上の権利をもって対抗することができないとされています（地公法37条2項）。また、地公労法11条1項は企業職員に対する争議行為などとあおり、そそのかす行為を禁止し、これに違反した職員を解雇することができるとされ（地公労法12条）、この規定は単純労務職員にも準用されます（地公労法附則5項）ので、全ての職員について争議行為などが禁止されていることになります。また、これとの関連において、地方公営企業は、職員の就業を拒否することを意味する作業所閉鎖（ロック・アウト）をしてはならないとされています（地公労法11条2項）。

　公務員の争議行為の禁止をめぐっては、労働基本権を保障する憲法28条との関係で議論がなされてきましたが、地公法37条1項についての昭和51年5月21日の最高裁大法廷判決（判例時報814号73頁）をはじめとして、地公労法11条1項についての昭和63年12月8日の最高裁判決（判例時報1314号127頁）、地公労法附則4項（現5項）が同法11条1項を準用することについての昭和63年12月9日の最高裁判決（判例時報1314号146頁）が、いずれの規定も憲法に違反しないとしています。

凡 例

1　本書では、法令等を以下の略称として解説しました。

〔法令〕

・日本国憲法	⇒	憲法
・労働基準法	⇒	労基法
・労働組合法	⇒	労組法
・労働契約法	⇒	労契法
・地方公務員法	⇒	地公法
・国家公務員法	⇒	国公法
・国家公務員倫理法	⇒	倫理法
・国家公務員法に基づく人事評価の基準、方法等に関する政令	⇒	人事評価政令
・国民の祝日に関する法律に規定する休日	⇒	祝日法
・一般職の職員の給与に関する法律	⇒	給与法
・一般職の職員の勤務時間、休暇等に関する法律	⇒	勤務時間法
・国家公務員退職手当法	⇒	退手法
・議院における証人の宣誓及び証言等に関する法律	⇒	議院証言法
・独立行政法人通則法	⇒	独法通則法
・地方独立行政法人法	⇒	地方独法法
・地方自治法	⇒	自治法
・地方自治法施行令	⇒	自治令
・地方財政法	⇒	地財法
・地方公共団体の一般職の任期付職員の採用に関する法律	⇒	任期付職員採用法
・地方公共団体の一般職の任期付研究員の採用に関する法律	⇒	任期付研究員採用法

凡 例

- 育児休業、介護休業等育児又は家族介護を行う労働者の福祉に関する法律 ⇒ 育休法
- 地方公務員の育児休業等に関する法律 ⇒ 地公育休法
- 公益的法人等への一般職の地方公務員の派遣等に関する法律 ⇒ 公益法人等派遣法
- 外国の地方公共団体の機関等に派遣される一般職の地方公務員の処遇等に関する法律 ⇒ 外国派遣法
- 女子教職員の出産に際しての補助教職員の確保に関する法律 ⇒ 補助教職員確保法
- 教育公務員特例法 ⇒ 教特法
- 地方教育行政の組織及び運営に関する法律 ⇒ 地教行法
- 公立の義務教育諸学校等の教育職員の給与等に関する特別措置法 ⇒ 教育職員給与特別措置法
- 公立の義務教育諸学校等の教育職員を正規の勤務時間を超えて勤務させる場合等の基準を定める政令 ⇒ 教育職員時間外勤務政令
- 国家賠償法 ⇒ 国賠法
- 労働安全衛生法 ⇒ 安衛法
- 労働安全衛生規則 ⇒ 安衛規則
- 労働者派遣事業の適正な運営の確保及び派遣労働者の保護等に関する法律 ⇒ 派遣法
- 短時間労働者の雇用管理の改善等に関する法律 ⇒ 短時間労働者法
- 地方公営企業法 ⇒ 地公企法
- 地方公営企業等の労働関係に関する法律 ⇒ 地公労法
- 行政不服審査法 ⇒ 行服法
- 教育公務員特例法 ⇒ 教特法
- 会社法の施行に伴う関係法律の整備等に関する法律 ⇒ 会社整備法
- 法の適用に関する通則法 ⇒ 通則法
- 地方公務員災害補償法 ⇒ 地公災法
- 地方公務員等共済組合法 ⇒ 地共済法
- 国民健康保険法 ⇒ 国保法

凡 例

・消防組織法	⇒	消組法
・国立及び公立学校の事務職員の休職の特例に関する法律	⇒	学校事務職員の休職特例法
・学校教育の水準の維持向上のための義務教育諸学校の教育職員の人材確保に関する特例法	⇒	人材確保法
・市町村立学校職員給与負担法	⇒	給与負担法
・雇用の分野における男女の均等な機会及び待遇の確保等に関する法律	⇒	均等法
・公職選挙法	⇒	公選法
・刑事訴訟法	⇒	刑訴法
・民事訴訟法	⇒	民訴法
・警察官職務執行法	⇒	警職法
・災害対策基本法	⇒	災対法
・労働安全衛生法	⇒	安衛法
・国家公務員の育児休業に関する法律	⇒	国公育休法
・地方公務員の育児休業に関する法律	⇒	地公育休法

〔裁判例〕

・最高裁判所	⇒	最高裁○年○月○日判決
・○○高等裁判所	⇒	○○高裁○年○月○日判決
・○○地方裁判所	⇒	○○地裁○年○月○日判決

2　本文参照部分は、同一の章等は全て省略し、前に出てくるものは「前記」と、後ろに出てくるものは「後記」としました。

より詳しく知りたい方へ—本書で掲載した判例一覧

〔最高裁判所〕

年	月日	事件番号	掲載誌	本書ページ
昭和34年	6月26日	昭33(オ)538	判例時報191号5頁	172
昭和38年	4月2日	昭36(オ)1308	判例タイムズ146号62頁	15
昭和44年	12月18日	昭40(行ツ)92	判例時報581号3頁	76
昭和49年	11月6日	昭44(あ)1501	判例時報757号30頁	140
	12月17日	昭47(行ツ)89	判例時報768号103頁	38
昭和50年	2月25日	昭48(オ)383	判例時報767号11頁	108
昭和51年	5月21日	昭44(あ)1275	判例時報814号73頁	197
昭和52年	12月13日	昭47(オ)777	判例時報871号3頁	45
	12月20日	昭47(行ツ)52	判例時報874号3頁	145, 159
昭和53年	5月31日	昭51(あ)1581	判例時報887号17頁	137
昭和54年	7月20日	昭52(オ)94	判例時報938号3頁	31
昭和55年	5月30日	昭54(オ)580	判例時報968号114頁	31
昭和57年	5月27日	昭51(行ツ)114	判例時報1046号23頁	31
昭和58年	5月27日	昭55(オ)579	判例時報1079号41頁	108
昭和61年	2月27日	昭58(行ツ)132	判例時報1186号3頁	151
	10月23日	昭55(行ツ)78	判例時報1219号127頁	116
昭和63年	12月8日	昭56(行ツ)37	判例時報1314号127頁	197
	12月9日	昭57(行ツ)131	判例時報1314号146頁	197
平成2年	6月5日	平1(オ)854	判例時報1355号148頁	38
平成3年	12月20日	平2(行ツ)137	判例時報1411号27頁	151
平成5年	2月16日	昭62(行ツ)148	判例時報1454号41頁	151
平成6年	7月14日	平4(オ)996	判例時報1519号118頁	15, 18
平成10年	4月24日	平6(行ツ)234	判例時報1640号115頁	46
平成15年	1月27日	平12(行ツ)369・平12(行ヒ)352	判例時報1813号64頁	44
	10月10日	平13(受)1709	判例時報1840号144頁	58
平成17年	1月26日	平10(行ツ)93	判例時報1885号3頁	7

より詳しく知りたい方へ

平成22年	9月10日	平20(行ヒ)432	判例時報2096号3頁	14, 18, 56, 61, 77
平成24年	2月9日	平23(行ツ)177・平23(行ツ)178・平23(行ヒ)182	判例時報2152号24頁	44
	4月20日	平22(行ヒ)102	判例時報2168号35頁	123
平成30年	7月19日	平29(受)842	裁判所ウェブサイト	177

〔東京高等裁判所〕

年	月日	事件番号	掲載誌	本書ページ
平成7年	6月28日	平3(行コ)100	判例時報1545号99頁	59, 60
平成26年	6月19日	——	公務員関係判決速報439号2頁	116

〔東京地方裁判所〕

年	月日	事件番号	掲載誌	本書ページ
平成21年	11月16日	平19(行ウ)417	判例時報2074号155頁	116
平成26年	1月27日	平25(行ウ)105	公務員関係判決速報439号9頁	116

著者紹介

橋本　勇（はしもと・いさむ）弁護士

　昭和20年、長野県生まれ。昭和43年、国家公務員上級試験及び司法試験に合格。昭和44年、東京大学法学部卒業、自治省（現：総務省）入省。山梨県総務部地方課長、自治大学校教授等を経て、昭和61年に弁護士登録（第一東京弁護士会所属）。地方公務員災害補償基金理事長も務めた。
　自治体や関連団体の顧問を数多く務め、多数の自治体訴訟に携わるほか、その経験を活かして、『新版 逐条地方公務員法』（学陽書房）や『自治体財務の実務と理論』（ぎょうせい）など多くの著作をもつ。

（2018年11月）

知っているとトク　知らないとソン
自治体職員の就職から退職まで

2018年12月25日　第1刷発行

著　者　橋本　勇
発　行　株式会社ぎょうせい
　〒136-8575　東京都江東区新木場1-18-11
　　　　　電話　編集　03-6892-6508
　　　　　　　　営業　03-6892-6666
　　　　　フリーコール　0120-953-431
　　　　　URL:https://gyosei.jp

〈検印省略〉

印刷　ぎょうせいデジタル株式会社　　©2018 Printed in Japan
＊乱丁・落丁本は、お取り替えいたします
＊禁無断転載・複製

ISBN978-4-324-10585-6
(5108477-00-000)
〔略号：自治体就職〕

読めば差がつく！若手公務員の作法

不安・疑問を解決するための 55の処世術!!

高嶋直人／著
四六判・定価（本体1,500円＋税）
電子版 本体1,500円＋税
※電子版はぎょうせいオンラインからご注文ください。

- 自治体研修講師を数多く務める著者から"ベテラン職員の視点"でアドバイスが受けられます！
- 「部下や後輩がどんなことに悩んでいるのかわからない…」そんな上司や先輩職員が読めば、"解決のヒント"が見つかります！

株式会社 ぎょうせい
フリーコール TEL：0120-953-431 [平日9〜17時] FAX：0120-953-495
〒136-8575 東京都江東区新木場1-18-11
https://shop.gyosei.jp　ぎょうせいオンライン 検索